포스트휴먼이
몰려온다

포스트휴먼이
몰려온다

AI 시대, 다시 인간의 길을 여는 키워드 8

신상규

이상욱

이영의

김애령

구본권

김재희

하대청

송은주

지　음

아카넷

●
○

우리가 막연히 상상했던 미래가 갑자기 현실로 다가왔다. 과학기술의 눈부신 발전이 가져온 결과다. 우리는 이미 인공지능이 국가의 핵심 전략이 되고 대기업의 명운을 좌우할 영역으로 등장했음을 목격하고 있다. 영화, 드라마, 게임 등에선 인공지능이나 첨단 과학기술과 관련된 서사가 넘쳐나며, 술자리 담화의 빠지지 않는 단골 소재가 되기도 한다. 그런데 우리는 과연 지금 일어나고 있는 변화의 정체를 얼마나 잘 이해하고 있을까? 다시 말해 현실이 되어 버린 미래에 우리는 얼마나 현명하게 적응할 준비가 되어 있는가?

당면한 도전에 적절히 대응하기 위해서는 문제에 조금은 더 심층적으로 접근할 필요가 있다. 물론 인공지능의 기술적 특성이나 경제적 효과를 이해하는 것도 중요하다. 하지만 인공지능과 같은 과학기술의 급격한 진보가 과연 우리 인간에게 어떤 의미를 지니며 인간의 삶에 어떤 변화를 예고하는가를 깊이 이해하는 일이 훨씬 더 중요하다. 과학기술은 단순한 도구가 아니다. 과학기술은 인간의 정체성을 규정하는 핵심적인 요소인 동시에 우리 삶의 형태 및 문명의 모습을 조각하는 결정적인 요인이다. 과학기술적 조건과 인간 삶을 구성하는 제반 요소들이나 다양한 사회적 실천 사이에 일어나는 동역학에 대한 성찰이 필요한 까닭이다. 이에 대한 지식이야말로 기술 그 자체를 이해하는 일보다 훨씬 근원적이고 필수적인 교양에 해당한다. 이를 제대로 앎으로써 우리는 시대가 요구하는 새로운 삶을 적절히 계획하고 대처할 수 있으며 더 나아가 인류의 생존을 보장받을 수 있을 것이다.

첨단 과학기술이 노정하는 미래에 대한 성찰은 학계에서 이미 오래전부터 진행되어 왔다. 거기에 여러 가지 명칭이 붙곤 했으나, 이제는 거의 '포스트휴먼'의 개념으로 수렴되는 듯이 보인다. 다양한 연구 분야에서 이를 다루고 있으며, 서로 협동하여 연구하려는 분위기도 점점 성숙해지고 있다. 학계에서는 포스트휴먼이란 주제의식을 공유하는 각 분야 연구자들의 네트워크가 만들어졌고, 정말 다양한 분야의 연구자들이 여기에 참여하고 있다. 연구소가 생겨나고 강좌가 개설되고 있으며, 대학원 협동과정도 신설되는 상황이다. 기업에서 인공지능 관련 기술이나 서비스가 제반 사업 영역에 전면적으로 도입되고 있는 것이나, 일반인들이 알파고니 4차 산업혁명이니 하는 개념들을 동원하여 새로운 삶을 이해하려는 노력과 유사한 상황이 학계에서 벌어지고 있는 것이다.

하지만 사회에서는 여전히 '포스트휴먼'의 개념이 생소하다. 그러다 보니 다양한 서사와 뉴스를 통해 같은 내용을 접하면서도 학계가 주목하는 바와 사회가 관심을 쏟는 내용이 다르게 나타나기도 한다. 학계는 '4차 혁명'을 말하며 인간 현실을 이해할 새로운 패러다임을 고민한다. 반면 사회에서는 4차 산업혁명을 논하며 자녀의 미래 진로를 걱정하는 형국이다. 과거의 시선으로는 더 이상 미래를 설명할 수 없으니 이제부터는 세상을 보는 눈과 사고의 틀을 바꿔야 한다. 이 점을 간과하고 기존 사고의 연장선에서 단순히 직업 선택의 기회만 찾으려 한다면 결코 올바른 답을 얻기 힘들 것이다.

포스트휴먼이라는 담론으로 학계와 사회가 소통하고 연구 성과를 공유해야 할 때가 되었다. 지금은 개별적 접근들을 하나로 모으고 종합해서 이해하려는 노력과 함께 그 결과를 공유할 기반을 마련해야 할 때이다. 이미 전 세계의 많은 학자들이 포스트휴먼이란 개념을 보통명사처럼 쓰고 있다. 이제 우리 사회에서도 그 개념의 내용과 함의를 보편적으로 공유하고 사용해야 할 때가 되었다.

『포스트휴먼이 몰려온다』는 아카넷 출판사와 공동으로 기획하고, 8명의 학자들이 협업 과정을 거쳐 탄생했다. 단순히 유행하는 이론적 논의로 포스트휴먼 담론을 소개하자는 것이 이 책의 목적은 아니다. 오늘날 우리는 미래를 준비하는 측면에서 중대한 변화의 길목에 서 있다. 올바른 선택과 계획을 위해서는 포스트휴먼 담론의 논의 및 그 함의를 우리 사회의 구성원 모두가 보편적 지식으로 공유할 필요가 있다는 생각에서 이 책은 출발했다. 이러한 취지를 실현하는 과정에서 그동안 포스트휴먼 관련 주제를 꾸준히 연구해 온 8명의 학자들을 선별하여 접촉하였다. 각자 논의할 주제를 정하고 서울도서관에서 2019년 10월부터 12월까지 8번의 대중 강연을 통해 내용을 서로 공유하는 시간을 가졌다. 그 성과를 정리하여 원고로 모은 것이 이 책이다.

　미래가 포스트휴먼의 시대가 될 것임은 분명하다. 신흥의 첨단 과학기술은 지금까지와는 전혀 다른 수준에서 인간 본성과 자연 세계에 대한 인간의 개입 능력을 급진적으로 확대시키고 있다. 그 결과 우리는 물질뿐 아니라 생명이나 정신마저도 우리 마음대로 조작하고자 하는 시대를 살게 되었다. 그런데 이것이 꼭 인간의 삶이 과거의 연장선에서 더 편리해지고 풍요로워짐을 의미하지는 않는다. 그렇다고 인공지능 기계들에 의해 인류가 한순간에 멸망하는 일도 조만간 일어나지는 않을 것이다. 다만 지금까지 지구의 생태를 파괴하며 살아온 인간들의 삶의 방식이 더는 용납되기 어렵다는 것은 분명해 보인다. 인류세라는 말이 상징하듯이, 지금 우리의 선택은 비단 현재의 인류뿐 아니라 아직 태어나지 않은 미래 세대, 그리고 인간과 더불어 지구를 공유하고 있는 수많은 다른 종의 운명에 불가역적인 영향을 끼칠 수 있다. 그 결정적 시대가 지금 우리 앞에 몰려오고 있음을 주시해야 한다. 지금이야말로 우리 인간이 새로운 기술 진보를 어떻게 수용하고 적응하며 스스로 변화를 도모할 것인지에 대한 지혜가 필요한 때이다. 이에 대한 해답을 모색하고 새로운 삶의 방식을 발명하려는 것이 바로 포스트휴먼 담론이 추구하는 바다. 이제는 학계를 넘어 사회와 함께 포스트휴먼의 문제의식을 고민하고 지혜로운 해답을 찾아 나서야 한다.

포스트휴먼의 시대는 인간의 삶을 근본적으로 바꾸는 동시에 사고의 틀을 새롭게 해야 하는 대격변의 다이내믹이 지배하는 시대다. 변화는 엄청난 속도로 진행될 것이며, 거기에 적응하기 위해서는 고착된 관습의 틀을 벗어나 낯선 새로움에 유연하게 대응할 수 있는 도전의식과 개방성이 필수적이다. 다행인 것은 다이내믹한 사고를 요구하는 포스트휴먼의 시대야말로 그 어느 나라보다도 대한민국 사회나 우리의 국민적 기질이 잘 부합한다는 사실이다. 불과 몇십 년 동안에 '한강의 기적'을 넘어서 음악이나 영화, 음식과 같은 영역에서도 세계 문화의 중심으로 부상하고 있는 "빨리빨리" 문화의 저력을 생각한다면 말이다.

우리나라 학계가 포스트휴먼 담론에 남다른 관심을 보인 것도 아마 그래서일지도 모르겠다. 포스트휴먼의 조건이나 현상에 우리 사회가 관심을 갖고 적극 대처한다면 기술이나 서비스에서가 아니라 새로운 삶의 적응자로서 우리는 지구상에서 가장 앞선 선구자가 될 수 있을 것이다. '포스트휴먼'은 세계를 보는 새로운 시각이자 사회의 구성원으로서 모든 개인이 필수적으로 갖춰야 하는 지식의 기반이 될 것이다. 적어도 2020년대 어느 시점부터는 포스트휴먼을 모르고는 교양 있는 시민의 역할을 제대로 수행할 수 없으며 취업도 기대하기 어려울지도 모른다. 기적 같은 경제발전에 이어 세계화를 한류로 승화시켰듯이, 포스트휴먼의 시대가 다시 한번 삶의 선구적 변화를 이끄는 대한민국의 앞날을 밝혀 주리라는 기대를 이 책의 발간 취지에 함께 담아 본다.

2020년 2월

파주에서

필진을 대표하여 신상규

차례

1부 **질주하는 기술**

1장 [기계지능] 3만 년 만에 만나는 낯선 지능 이상욱

2장 [사이보그] 인간에서 초인으로? 기계가 된 인간 이영의

왜 지금 포스트휴먼인가?

신상규

●
○

"포스트휴먼"이란 표현을 들었을 때 가장 먼저 떠오르는 이미지는 무엇일까? 기계와의 결합을 통해 사이보그화된 로보캅? 혹은 유전적 변이를 통해 탄생한 엑스맨? 조금 더 상상력을 동원한다면, 영화 〈그녀Her〉에서 목소리만으로 등장하는 인공지능 사만다나 〈엑스 마키나Ex Machina〉에 등장하는 치명적인 인공지능 로봇 에이바를 생각할 수도 있을 것이다. 포스트휴먼이라고 하면 사람들은 보통 거의 인간에 가깝지만 그렇다고 꼭 '인간'은 아닌 '어떤 존재'를 떠올리게 된다.

물론 이것이 틀린 이해는 아니다. "포스트"라는 말은 시간적으로 '~ 이후' 혹은 '~ 다음'이라는 뜻을 지니고 있다. 이런 의미로 해석하면, "포스트휴먼"은 휴먼 이후에 등장하는 어떤 존재를 가리키는 표현이다. 가령 기술적으로 변형된 사이보그 생명체나 인공적으로 만들어진 안드로이드 같은 것을 말이다. 이런 생각을 대변하는 입장이 있다. 인공지능이나 생명공학이 창조한 첨단 과학기술을 이용해, 생명의 유한성을 극복하고 인간의 신체나 정신적 능력을 인위적으로 향상시켜야 한다는 주장이 그것이다. 학계에서는 트랜스휴머니즘으로 알려진 입장이다. 대표적인 트랜스휴머니스트이자 『슈퍼인텔리전스』의 저자로도 잘 알려진 닉 보스트롬Nick Bostrom은 포스트휴먼을 다음과 같이 정의한다. "포스트휴먼은 그 기본 능력이 지금의 인간 능력을 과도하게 넘어서서, 현재의 기준으로는 더 이상 인간이라 부를 수 없는 미래의 가능한 존재이다." 우리가 "휴먼"이라고 하면 그것은 생물학적 종으로서 호모사피엔스, 즉 지금의 인간을 의미한다. 그런데 미래에는 인위적으로 만들어진 인공지능이거나 인간의 정신이 업로드된 존재, 혹은 '인간 향상'이 누적되어 두뇌나 신체가 변형된 존재가 인간의 자리를 대신할 수도 있다. 지금의 인간과는 너무 다른 본성을 갖는, 이 같은 미래의 인류가 바로 포스트휴먼이다. 미래를 소재로 하는 많은 SF 영화들이 이러한 인간 이후의 '인간'에 대해 묘사하고 있다.

그런데 "포스트휴먼"이 반드시 이런 SF적 존재만을 가리키는 것은 아니다. "포스트"라는 말은 때론 '탈脫'이라는 의미로 사용되기도 한다. 탈근대주의나 탈식민주의에서의 '탈'이 바로 "포스트"의 또 다른 의미이다. 이런 뜻으로 보면 "포스트휴먼"은 '탈인간' 혹은 '탈인간적'이라는 의미를 갖게 된다. 문자 그대로 해석하면 '탈인간'

은 인간을 벗어나거나 넘어선다는 의미이다. 그럼 인간을 벗어나거나 넘어선다는 것은 어떤 의미일까? 앞서 얘기했듯이 트랜스휴머니즘은 과학기술을 이용하여 지금 인간의 생물학적 조건 혹은 본성을 넘어서자고 주장한다. 그러나 '탈인간'의 의미는 여기에만 국한되지 않는다. 다른 한편으로는, 생물학적 존재로서의 인간이 아니라, 인간에 대한 특정한 이해 방식 혹은 그것에 입각한 기존의 세계관이나 삶의 형태를 뛰어넘는 것을 생각해 볼 수 있다. 이런 맥락까지 염두에 둔다면 "포스트휴먼"은 기존의 인간관이나 '인간' 개념에 대한 새로운 도전을 의미한다고 할 수 있다.

로버트 페페렐Robert Pepperell은 『포스트휴먼의 조건』에서 포스트휴먼이 도래한다는 것을 근대가 끝났다는 의미로 해석한다. 근대의 핵심은 휴머니즘인데, 이때 말하는 휴머니즘은 대체로 인간중심주의 혹은 인간종족주의를 의미한다. 휴머니즘 시대에는 인간이 인간 아닌 것non-human being 혹은 비인간inhuman과의 대비를 통해 정의되었다. 이러한 정의의 바탕을 이루는 것은 정신과 물질, 생명과 기계, 자연과 인공과 같은 이원론적인 구분이다. 인간은 이성에 입각하여 행동하는 자율적인 행위자이다. 인간은 역사를 만드는 주체이자 만물의 보편적 척도로서 세계의 중심이었다. 그런데 인간이 아닌 다른 생명체 혹은 자연은 어떠한가? 이들은 주체의 자리에서 배제된 채, 인간의 필요와 욕구에 의해 마음대로 처분 가능한 수동적인 대상, 즉 객체에 불과했다. 인간과 인간이 아닌 것들의 관계가 지배와 피지배라는 철저히 위계적인 방식으로 규정되는 것이다. 이를 가능하게 하는 것이 인간이 지닌 정신, 이성 혹은 생각하는 능력이다. 이 능력은 신체와 구분되어 인간의 본질을 구성하는 핵심 요소이자, 인간을 다른 생명체/존재와 차별 짓는 결정적인 기준으로 작용한다. 그런데 페페렐에 따르면, 이런 방식으로 인간과 다른 존재들을 규정할 수 있는 시기는 이미 끝났으며, 이제 새로운 시기가 시작되었다. 인간 존재에 대한 전통적인 이해가 더 이상 타당하지 않게 되었다는 것이다. 그러니, 뭔가 다른 방식으로 '인간'과 그 삶을 새롭게 재발명할 필요가 있다. 이것이 "포스트휴먼"이 내포하는 또 다른 의미이다.

역사적으로 보면 인간에 대한 이해가 변화한 계기가 몇 차례 있었다. 그런데 이 변화들은 인간의 지위 하락을 동반한 변화였다. 마치 인간에게 계급이 있다면 이런 계기를 통해서 인간의 계급이 점점 낮아지는 식이라 할 수 있다. 코페르니쿠스, 다윈, 프로이트의 경우가 그 대표적 사례들이다. 코페르니쿠스의 지동설이 등장함에 따라 인간의 위치는 우주의 중심에서 그 변방으로 밀려났다. 다윈의 진화론은 동물과 인간은 정도의 차이지 근본적으로 차이가 없는 존재로 보면서, 인간과 동물 사이에 존재하는 '불연속'을 해체했다. 프로이트는 여기서 한걸음 더 나아간다. 흔히 인간을 의식적이고 합리적인 존재로 생각하지만, 프로이트는 우리 판단의 많은 부분은 무의식적 본능에 의한 것이고 그것은 동물적 충동이나 억압에 의해 작동한다고 보았다.

철학자들은 이러한 변화를 인간학의 혁명으로 개념화한다. 인간학의 혁명은 단순히 산업 수준만이 아니라 총체적인 삶의 양식 변화와 연관되어 있다. 우리는 인간이 어떠한 존재인가에 대해 일반적으로 통용되는 상식적 생각들을 가지고 있다. 우리의 일상적인 사회 활동이나 실천, 이를 규율하는 법률적, 도덕적, 규범적 제도나 판단은 이런 상식에 의거한다. 그런데 인간 본질에 대한 근본적인 인식의 변화가 발생하면, 이는 다시 이러한 인식에 의존하는 행동 양식이나 생각, 사고방식의 변화와 더불어 정치, 경제, 사회, 문화 면에서 인간 삶을 구성하는 각종 제도나 사회적 실천에도 연쇄적 변화를 일으킨다. 우리가 살아가는 삶의 방식이나 습관이 총체적으로 변하는 것이다.

프로이트는 지금까지 세 차례 그러한 혁명이 일어났다고 이야기한다. 코페르니쿠스, 다윈, 그리고 프로이트 자신이 일으킨 변화가 바로 그것이다. 그 각각을 인간학의 1차, 2차, 3차 혁명이라고 한다면, 지금 우리는 바로 인간학의 4차 혁명과 마주하고 있다. 우리나라에서는 요즘 4차 '산업'혁명이라는 말이 한창 유행이지만, 사실 인간학의 '4차 혁명'은 이보다 전에 나온 표현이다. 2014년, 루치아노 플로리디Luciano Floridi라는 철학자가 『4차 혁명』이라는 책을 출간했는데, 거기서 그는 정보기술이나 디지털기술이 야기하는 인간 본질 및 삶의 방식 변화가 인간학의 4차 혁명을 추동한다고 주장한다. 클라우스 슈밥Klaus Schwab이 다보스포럼에서 4차 산업혁명을 이야기한 것은 2016년의 일이다. 우리는 앞서 "포스트휴먼"의 의미를 기존의 인간관에 대한 도전이자 '인간' 개념에 대한 새로운 정의 및 삶의 방식에 대한 재발명의 요구라고 말한 바 있다. 그렇다면 "포스트휴먼"은 결국 인간학의 4차 혁명을 개념화하는 한 가지 방식이라고 말할 수 있다.

그렇다면 오늘날 새로운 인간학의 등장을 요구하는 포스트휴먼적 조건은 무엇인가? 달리 말해서, 단순한 삶의 질적 변화가 아니라 인간 자체의 혁명적 변화를 요구하며 우리에게 몰려오고 있는 "포스트휴먼"의 정체는 무엇인가? 너무 당연하게 들릴 수도 있지만, 변화를 이끌어가는 결정적인 요인은 첨단 과학기술의 급속한 발전과 그것이 만들어 내는 다양한 혼종적 풍경들이다. 정보기술, 인공지능기술, 생명기술, 가상현실과 같은 첨단의 과학기술은 그 속도나 범위에서 전례가 없는 급격한 방식으로 우리의 삶에 지대한 영향을 끼치고 있다. 그런데 여기서 우리가 특히 주목해야 할 지점이 있다. (인간의) 생명 활동이 기계나 기술과 상호 수렴하면서ₑconverge 어디까지가 생명이고 어디서부터가 기술인지를 구분하기가 점점 불가능해지고 있다는 사실이다.

뒤의 장에서 사이보그와 관련된 이야기도 다루겠지만, 이제 인간 그 자체가 기술적 조작이나 개입의 대상이 되었다. 이에 따라 우리 몸이 기계와 결합되거나 기계적 요소가 점점 몸안으로 들어오기 시작했다. 우리가 아는 것들을 몇 가지만 나열해 보자. 유전자 조작, 줄기세포나 인공장기와 같은 생명기술, 로봇 팔다리나 외골격(엑스스켈레톤)과 같은 인공보철(프로스테시스), 두뇌-컴퓨터 인터페이스BCI 기술······ 이처럼 이미 익숙해진 기술들이 인간의 새로운 변화를 만들고 있다. 기계는 어떠한가? 인공지능이 발전하면서 인간을 흉내 내거나 비슷한 기능을 수행하는 기계가 등장했다. 나아가 이런 기계들은 인간만 갖는다고 알려진 특성들을 점차 갖춰 가고 있다. 기계는 이미 인간으로부터 독립하여 자율적으로 추론, 판단, 선택을 수행하는 새로운 행위 주체로 등장한 것처럼 보인다. 그뿐 아니라 이제는 인간과 감정적 관계를 맺게 될 가능성까지 거론되고 있다. 그러다 보니 다음과 같은 질문이 자연스럽게 제기된다. 인간과 기계는 과연 근본적으로 구분이 되는가?

첨단 과학기술의 발전은 인간/생명/기계/물질의 본성을 재존재화reontologize하고 디지털/물리/생물 사이의 경계를 해체한다. 이를 통해 모든 상식과 지식의 기반이 바뀌고 있다. 이제는 이런 질문들이 가능해진다. 마음과 물질은 전적으로 서로 다른 것인가? 자연과 인공을 나누는 것이 과연 그렇게 중요한 구분인가? 이처럼 우리가 지금까지 너무나 당연시하고 있던 근대적 상식의 기반이 흔들리고 있다. 나아가 그것은 기존의 상식에 기반하는 우리 삶의 습관이나 형태 혹은 문명 전체에 대한 거대한 도전이기도 하다.

이런 측면에서 보자면 인공지능이나 사물인터넷, 가상현실, 유전자 조작과 같은 새로운 기술의 개발은 우리 개개인의 일상적 삶이 뿌리내리고 있는 기술생태 공간을 재구성하는 과정으로 재해석될 수 있다. 그에 따른 사회적 변화도 만만치가 않다. 지금까지는 '자연적인' 생물학적 인간으로 국한된다고 생각되었지만, 사회의 구조나 활동에 참여하고 의미 생성에 기여하는 새로운 구성원이 등장하기 시작했다. 그에 따라 사회 시스템의 작동 방식도 새로운 역학적 변화를 겪게 된다. 기술-사회적 조건이 급변하면서, 우리가 타인 혹은 비인간 타자와 관계를 맺거나 세계와 상호 작용하는 방식에서도 큰 변화를 경험하게 될 것이다. 스스로에 대한 자기 인식의 양상이나 삶에 의미를 부여하는 방식도 근본적으로 바뀌게 된다. 그렇다면 결국 과학기술의 발전은 단순히 산업 성장이나 경제발전만의 문제가 아니라, 인간의 활동과 삶에 의미를 부여하는 근본적인 조건이나 구조를 새롭게 상상하는 인문학의 문제가 된다.

이러한 상황이 이른바 인간학에 대한 '포스트휴먼적 전회post-human turn'를 요구하는 조건들이다. 탈휴머니즘을 지향하는 포스트휴먼 담론은 기술 변형 시대의 인간이나 혼종적 생명 형태, 인공지능과 같은 기술적 인공물들, 즉 인간-생명-기술이 결합하여 빚어내는 다양한 포스트휴먼 현상들을 적절히 이해하고 그에 대응하는 방안을 찾기 위한 시도이다. 이를 위해서는 '인간', '기계', '생명'을 철학적, 정치적, 문화적으로 새롭게 이해하도록 만들어 주는 패러다임이나 언어 문법의 모색이 필요하다. 근대적 이분법에 묶인 인간 중심적인 언어나 용어가 아니라, 과거의 속박에서 벗어나 새로운 도덕적 상상과 경험을 가능하게 만드는 새로운 어휘나 언어가 필요하다는 것이다. 인간-자연-기술과 연관된 개념들을 새롭게 재발명하거나 갱신함으로써, 그러한 상상을 가능하도록 만드는 것이 포스트휴먼 담론의 주요한 이론적 목표이다.

그런데 이러한 노력은 불평등이나 기후 문제와 같은 오늘날 인류가 처한 다양한 실천적 곤궁들과 맞물려 있다. 유명한 포스트휴먼 이론가인 로지 브라이도티Rosi Braidotti는 이론적 형상으로서 '포스트휴먼'은 첨단기술이 산출하는 변형뿐 아니라, 기후 변화나 자본주의가 촉발한 인류세적 위기와 관련된 문제를 탐사할 수 있게 만드는 네비게이션 도구라고 주장한다. 그녀에 따르면, 지금 '우리(지구에 거주하는 인간과 비인간)'는 자본주의에 의해 추동되는 4차 산업혁명과 기후 변화로 인한 여섯 번째 대 멸종 사이에 위치하고 있다. 그리고 이때 포스트휴먼 담론의 핵심적인 실천적 과제는 자본주의의 가속화와 기후 변화의 가속화라는 두 힘 사이에서 어떻게 균형을 잡을 것인가의 문제이다.

포스트휴먼 담론은 우리의 미래에 대해서 단순히 기술 발전으로 가능해진 기계장치에만 주목하지 않는다. 포스트휴먼이 더욱 중요하게 여기는 것은 그러한 장치들이 우리 삶을 구성하는 다양한 사회적 실천, 가치, 제도에 뿌리내리고embedded 있는 모습, 그리고 장치들과 더불어 공진화하는 일상성의 조건 변화를 함께 포함하는 기술-사회적 미래에 대한 비전이다. 이는 변화된 기술 조건 속에서 우리 인간이 지구에 거주하는 방식, 즉 우리가 무엇을 입고, 무엇을 먹으며, 어디에 살며, 어떻게 이동하고 소비할지와 같은 삶의 습관을 바꾸는 문제와 연관되어 있다. 이는 또한 우리가 전통적인 인간과의 관계뿐 아니라 지금까지 온전하게 인정받지 못했거나 혹은 새롭게 출현할 인간/비인간 주체들과 구체적으로 어떻게 관계 맺을 것인가를 상상하는 문제이기도 하다.

우리 삶의 태도나 습관을 좌우하는 요소들은 무수히 많다. 삶을 관통하고 규제하는 규범적 사고도 있고 심미적으로 지향하는 가치도 있다. 삶을 바꾸는 것은 단지 기술적 조건 변화만이 아니다. 이는 우리가 사용하는 언어나 말, 사랑이나 우정, 연대적 관계에 대한 우리의 태도, 문학·음악·미술이 우리의 삶에서 차지하는 위치, 노동이나 여가, 부와 소비를 바라보는 관점 등을 포괄하는 삶의 양식의 총체적 변화와 연관되어 있다. 그렇다면 결국 포스트휴먼의 미래를 상상하는 일은 새로운 가치관과 실천적 지향을 통해 지금과는 다른 새로운 삶과 관계의 방식을 발명하는 것과 다르지 않다.

이 책의 제목은 "포스트휴먼이 몰려온다"이다. 이는 포스트휴먼 현상이 이미 현실로 다가온 미래임을 함축한다. 이 책은 그 제목처럼 2020년대에 우리에게 몰려올 새로운 변화 혹은 지금 태동되고 있는 미래 환경을 정확히 이해하자는 취지로 기획되었다. 이 책의 각 장은 포스트휴먼 현상을 이해하는 핵심이라 할 8가지 주제들을 3개의 범주로 나누어서 다룬다. 하나하나가 기술이 인간의 삶에 끼치는 지대한 영향과 연결되어 있다. 기술을 보되, 단순하게 경제적 기회로만 보거나 기술 그 자체를 과대평가할 것이 아니라, 그것이 우리 인간과 우리 삶의 방식에 미칠 영향에 초점을 맞추고자 했다.

1부에서는 인공지능AI, 사이보그, 인공자궁이란 상징적인 세 가지 기술을 통해, 주요 첨단기술의 특성이 무엇이며 인간과의 관계 속에서 어떤 시사점을 갖는지를 검토한다. 1장은 인공지능을 '낯선 지능'으로 규정하면서, 인공지능의 본성을 어떻게 이해해야 할지의 문제와 함께 그것이 제기하는 인간학적 도전이 무엇인지를 살펴본다. 2장은 사이보그 논의를 통해 유기체/기계와 같은 전통적인 이원적 구분들이 도전받는 양상을 살펴보면서, 인간-기계의 결합을 통한 인간 향상이나 초인의 가능성을 검토한다. 3장에서는 인공자궁이라는 주제를 통해 임신과 출산에 개입하는 생명기술이 태아나 여성의 몸, 젠더 문제를 둘러싼 우리의 인식을 어떻게 변화시켰는지를 추적한다. 또한 유전적 연계에 대한 우리의 욕망을 매개로 작동하는 권력, 자본, 기술의 생명정치적 관계를 진단한다.

2부에서는 인공지능과 로봇기술을 기반으로 우리의 개별적 일상이나 공동체적 삶에 어떤 변화가 생겨날지를 살펴본다. 4장은 로봇과 인간 사이에 가능해질 새로운 관계의 양상을 상상하면서, 그러한 관계성을 어떤 방식으로 이해하는 것이 적절한지를 모색한다. 5장에서는 빅데이터나 알고리즘과 같은 디지털 기반의 사회체제가 민주주의를 위협하게 되는 과정을 성찰하면서, 개인의 관심사에 매몰되지 않고 공공의 문제에 깨어 있는 시민이 되려면 어떤 노력이 필요한지를 고민한다. 6장은 인공지능과 일자리 문제에 관한 장이다. 이 장에서는 일자리 축소 문제를 인간과 기계의 대립이라는 관점이나 노동을 생계의 방편으로 보는 고용 패러다임에서 벗어나서, '포스트노동post-labor'의 관점에서 일의 근본적 의미를 재발견하고 기술적 활동을 통해 더 나은 삶의 미래를 발명해 가는 새로운 주체화의 계기로 삼을 것을 제안한다.

3부는 과학기술이 초래하는 변화 속에서, 우리 인간 사회가 근본적으로 대면해야 할 두 가지 곤경에 대해서 논의한다. 7장은 알고리즘과 관련된 불평등과 공정성의 문제를 논의하면서, 인공지능 작동의 이면에 감춰져 있는 저임금 인간노동자들의 노동을 중심으로 디지털 사회가 몰고 올 양극화의 문제를 짚어본다. 마지막 8장은 생태계와 지구환경에 관한 장이다. 인류세라는 시대 명이 시사하듯이, 오늘날 우리가 마주한 환경 문제는 그동안 우리 인류가 걸어온 행적으로부터 유래한다. 이 장에서는 반성의 마음과 새로운 미래 대비를 위해서, 지구에서 인간의 위치 및 공존에 대해서 함께 고민한다.

이 책이 다루는 8가지 주제들은 우리가 이미 맞이하고 있는 미래다. 물론 우리에게 다가온 낯선 미래가 여기서 논의하는 8가지 주제에만 국한되지는 않는다. 포스트휴먼의 미래는 종교, 교육, 동물, 법률, 예술 등을 포함하는 훨씬 다양한 변화를 예고하고 있다. 앞으로 이 부분들에 대해서도 더 심도 있게 논의할 기회가 있기를 기대한다. 이제 내 삶의 미래를 어떻게 준비할지를 함께 고민하면서, 8개의 포스트휴먼 주제들과 만나 보도록 하자.

질주하는
기술

1장

기계지능

3만 년 만에
만나는
낯선 지능

이상욱

●
○

인공지능(AI)의 시조,
네안데르탈인?

인공지능에 앞서 현생 인류의 친척종인 네안데르탈인에 대해 이야기해 보자. 현재 존재하는 생명 대부분은 자신과 가까운 근연종을 가진다. 고양이와 호랑이처럼 말이다. 그런데 현생 인류와 가장 가까운 네안데르탈인(호모 네안데르탈렌시스)은 한참 전에 멸종해 버렸다. 조금 더 거리가 있는 침팬지나 고릴라가 인류와 함께 살아남았지만 이들과 동질감을 느끼는 인간은 많지 않다. 이 점에서 인류는 생명 진화의 역사에서 독특한 위치를 점한다.

네안데르탈인은 40만 년 전부터 3만 년 전 사이에 살았다. 마지막 시기에는 유라시아 대륙에서만, 흔히 크로마뇽인이라고 부르는 현생 인류인 호모 사피엔스와 공존하다가 멸종했다. 최근 밝혀

크로마뇽인(좌)과 네안데르탈인(우)의 모습을 상상하여 비교한 그림

진 분자유전학 연구 결과에 따르면, 현생 인류의 유전자 중 최소한 1~2퍼센트는 네안데르탈인으로부터 왔다. 결국 크로마뇽인과 네안데르탈인은 네안데르탈인이 멸종하기 전까지 상대방을 대등한 존재로 인식하고 경쟁하면서 상호 작용했으리라 추정할 수 있다. 위 상상도를 보자. 왼쪽이 호모 사피엔스를, 오른쪽이 동시대에 살았을 호모 네안데르탈렌시스를 재구성한 사진이다. 네안데르탈인의 어깨가 훨씬 딱 벌어져 있고 평균 키가 약간 작고 코 부분이 굉장히 크다는 차이 외에 이 둘은 사실 상당히 비슷하게 생겼다.

네안데르탈인이 3만여 년 전에 멸종하지 않고 살아남았다면 아마도 지금쯤 지구상 어딘가에서 '낯설지만 그래도 인간'으로 간주되며 현생 인류와 공존하며 살고 있을 것이다. 적어도 3만 년 전까지만 해도 호모 사피엔스가 네안데르탈인보다 도구 사용이나 문화 수준에서 압도적으로 앞섰다고 볼 수 없다는 것이 그러한 상상의 한 가지 근거다. 네안데르탈인의 뼈가 호모 사피엔스가 살던 동굴에서 나왔기에 호모 사피엔스가 네안데르탈인을 멸종시킨 것이 아닌가라는 추측이 있기도 하지만, 그보다는 혹독한 기후 변화에 잘 적응했던 호모 사피엔스만이 살아남았다고 보는 견해가 더 우세하다.

네안데르탈인의 멸종은 무엇을 의미하는가? 그것은 바로 크로마뇽인의 후예인 인류가 3만 년 전부터는 대등한 지능을 갖춘 상대를 경험할 수 없게 되었음을 뜻한다. 3만 년이라는 긴 시간 동안 인간 수준의 지능을 보유한 존재는 오직 인간뿐이었다. 물론 인간보다 힘이 세거나 빠른 동물은 많지만, 지적인 능력에서 인간과 동등한 동물을 인간은 경험한 적이 없었다. 그 결과, 인간은 동물과 구별되는 인간의 지적 능력에 관한 한 자연스럽게 자신이 지구상의 다른 모든 것들과 구별되는 특별한 존재라고 생각하게 되었다. 3만 년 전 네안데르탈인의 멸종은 인간이 스스로를 '천상천하 유아독존'이라고 여기도록 한 것이다. 이런 상황에서 인간과 동등하거나 어떤 경우에는 더 뛰어난 능력을 보여 주는 인공지능의 등장이 인간에게 얼마나 당혹스러울지 상상해 보라. 최근 속속 등장하고 있는 뛰어난 능력을 뽐내는 인공지능이 우리에게 '낯설게' 느껴지는 첫째 이유가 여기에 있다.

넥스트 렘브란트,
자각 없는 수행　　인공지능의 '낯섦'은 여기서 그치지 않는다. 이제 다른 상황을 상상해 보자. 당신이 어떤 기가 막힌 인공물을 보았다고 가정하자. 멋진 예술 작품일 수도 있고, 신박한 기능을 갖춘 기계 장치일 수도 있다. 이런 인공물을 보면, 우리는 자연스럽게 그 인공물 배후에 그것을 만든 지적 존재를 떠올린다. 우리와 비슷한 마음을 지닌 예술가 혹은 공학자가 특정한 의도(아름다움을 표상하거나 편리함을 가져다주기 위해)를 가지고 설계하고 그 설계에 따라 만들었다고 생각하는 것이 자연스럽다.

문제는 인공지능은 그런 존재가 아니라는 데 있다. 최근 급속도로 발전한 인공지능은 사람처럼 신문 기사도 쓰고 법률 문서도 요약하고 회계장부도 정리할 수 있다. 그림을 그리거나 작곡을 하거나 소설을 쓰기도 한다. 적어도 그림이나 작곡이나 소설로 간주될 수 있는 결과물을 내놓기는 한다. 하지만 인공지능에게는 이러한 결과물을 예술 작품으로 인지하는 능력이 없다. SF 영화에 등장하는 인공지능 로봇과 달리 가까운 미래까지 포함하여 우리가 경험할 인공지능은 내가 '자각 없는 수행performance without awareness'이라 부르는 방식으로 작동한다. 즉, 결과물만 놓고 보면 기가 막힌 정도의 수행 능력을 보여 주지만, 우리가 자연스럽게 가정하는 그 결과물 배후의 의식적이고 지적인 경험이 없다는 것이다. 학술적으로 '지능intelligence'은 지능을 가졌다고 설정되는 대상의 행위나 결과물의 특징으로 판단된다. 이런 점을 고려하면 인공지능이 '지능'을 가졌음을 부인하기는 어렵다. 인공지능이 산출하는 결과물은 분명 인간의 기준으로 보아도 뛰어난 지능의 산물처럼 보이기 때문이다. 하지만 인공지능의 지능은 인간의 지능과 '매우 다른' 방식으로 작동한다는 점을 이해하는 것이 중요하다. 이런 의미에서 인공지능은 우리에게는 지극히 '낯선 지능'이다.

넥스트 렘브란트The Next Rembrandt 프로젝트의 사례를 들어 보자. 렘브란트는 네덜란드인에게는 절대적인 국민적 영웅이다. 그래서인지 그가 남긴 작품은 국제 예술품 경매장에서 엄청난 고가에 팔리곤 한다. 최근 네덜란드에서는 인공지능을 활용하여 렘브란트

인공지능 기반 '넥스트 렘브란트 프로젝트'의 작품

가 남긴 수백 점의 그림을 분석하여 렘브란트 그림의 특징을 추출하는 프로젝트가 진행되었다. 요즘 익숙해진 용어를 사용하자면 인공지능에게 렘브란트 그림을 훈련 데이터로 사용해서 기계학습을 시킨 것이다. 그런 다음 이 인공지능더러 '렘브란트 스타일'로 그림을 그리게 했다. 인공지능이 팔이 있어서 진짜 그림을 그린 것은 아니다. 인공지능이 렘브란트의 화풍에 따라 물감의 두께감도 고려하여 만들어 낸 3차원 이미지를 3D 프린터로 출력해 낸 것이다. 이렇게 하여 렘브란트가 실제로 그리지는 않았지만 그렸을 법한 '넥스트 렘브란트'의 그림이 탄생했다.

이런 식의 프로젝트들이 꽤 많이 진행되고 있다. 인간만이 할 수 있었던 일, 혹은 좀 더 정확히 말하자면 일정한 재능을 가진 인간이 상당한 훈련을 거쳐야 할 수 있었던 어려운 작업을 수행하는 인공지능이 여럿 등장하고 있다. EMI Experiments in Musical Intelligence라는 작곡을 하는 인공지능도 있다. 비발디, 바흐, 모차르트의 음악을 기계학습 하여 이 유명한 작곡가들이 작곡했을 법한 음악을 만들어 낸다. 물론 아직은 개선의 여지가 많지만 앞으로 점점 더 인상적인 곡을 짓는 인공지능이 등장할 것이다. 문학 작품을 쓰는 인공지능도 있다. 인간의 언어가 워낙 맥락 의존적이고 여러 복잡한 상황적 요인에 의해서 의미가 중첩적으로 결정되는 경우가 많아서 순수 문학 작품은 아직 그다지 성공적이지 못했다. 그렇지만 스토리라인이 간단하고 등장인물의 대사가 전형적인 로맨스 소설은 제법 그럴듯하게 써 낸다. 문학 인공지능의 다음 도전은 추리소설이라고 한다.

EMI, '자각 없는 수행'을 보여 주는 인공지능의 사례

다시 렘브란트로 돌아가 보자. 인공지능이 제작했다는 사실을 모르고 앞에 나온 그림을 누군가가 보았다고 생각해 보자. 당연히 그 사람은 이 작품의 작가가 렘브란트 수준의 예술적 영감이 없었다면 이런 그림을 그릴 수 없었을 것이라 생각할 것이다. 하지만 인공지능 시대에 이런 생각은 더는 타당하지 않다. 기가 막힌 수행 능력과 그 수행 과정을 자각하고 경험하는 일은 본질적으로 관련이 없다. 인간에게는 항상 이 둘이 동시에 이루어졌기 때문에 그런 줄 알았지만 실은 지능적 행위와 지능적 경험은 필연적으로 연결될 필요가 없다. 이 점을 이해하는 것이 절대적으로 중요하다. 렘브란트 스타일의 그림을 제작한 인공지능은 자기가 뭘 하는지 전혀 모른

다. 본질적으로 굉장히 복잡한 계산을 하고 있을 따름이다. 이세돌 9단을 이긴 알파고도 마찬가지다. 어마어마한 전력을 소비하며 바둑 고수들도 놀랄 만한 수를 산출해 내지만 자기가 뭘 하는지는 전혀 모른다. 알 수 있는 회로 자체가 없다.

딥러닝 알고리즘 자체가 그렇게 설계되어 있다. 딥러닝에서 '학습'이란 서로 복잡하게 연결된 노드를 여러 층으로 쌓고 노드 값을 여러 번 반복해서 업데이트하는 방식으로 이루어진다. 업데이트는 처음 산출한 결과 값이 목표 값과 일치하지 않으면 그 차이를 줄일 수 있는 방식으로 각 노드 값을 재조정하는 과정이다. 이 과정을 잘 설계해서 수없이 반복하면, 기가 막힌 바둑의 수나 렘브란트와 비슷한 그림을 만들 수 있다. 그 외에는 아무것도 없다. 현재 인공지능에는 자각이라든가 의식적 경험을 할 수 있는 물질적 기반 자체가 존재하지 않는다.

우리에게 너무나 익숙한 앞서의 가정, 지적인 결과물의 배후에는 의식적 경험을 하는 지적인 존재가 있다는 가정을 다시 살펴보자. 이에 대해 철학자들 사이에도 논쟁이 많다. 한쪽은 의식적 경험도 없이 기능적 수행만 할 뿐인 인공지능은 진짜 지능이 아니라고 단정한다. 예를 들어, EMI 프로그램은 진정한 의미에서 작곡을 한다고 볼 수 없다. EMI의 계산 결과를 우리 인간이 작곡이라고 인식하는 것뿐이다. 오직 인간만이 '진정한' 의미에서 지능을 발휘할 수 있다. 그에 비해 인공지능은 자기가 뭘 하는지도 모르면서 고작 인간 흉내만 낼 뿐이다.

그렇게 봐야만 할까? 감탄스러운 지적인 결과물, 그리고 그 결과물을 의식적으로 경험하고 자각하면서 만들어 내는 것이 여태까지 지능의 두 가지 중요한 요소로 여겨졌다. 인간지능에서는 이 두 요소가 거의 항상 함께 등장했다. 그러다 보니 간과되었던 철학적 가능성이 있다. 바로 지적인 결과물과 의식적 자각은 별개이고 지능이 발현되는 맥락에서 항상 함께 구현될 필요는 없다는 가능성이다. 의식적 경험이 없이 EMI나 알파고처럼 적절한 기능을 수행하는 것만으로도 지능을 부여하자는 입장이 있다. 이를 지능에 대한 기능적functional 정의라 한다. 우주에는 다양한 종류의 지능이 있고 그 중에 인간에게는 매우 '낯선 지능'도 있다는 입장이다. 인공지능을 올바로 이해하기 위해서는 지능에 대한 이 기능적 정의에서 출발하는 것이 바람직하다.

낯선 지능,
AI에 관한 오해들　　인공지능에 대해 생각할 때 대중매체가 인공지능을 다루는 방식에 과장과 생략이 많다는 점에 주목할 필요가 있다. 일단 인공지능 혼자 모든 일을 척척 할 수 있는 것이 아니다. 인간 협력자의 노력이 결정적으로 중요하다.

　　넥스트 렘브란트 프로젝트를 다시 살펴보자. 분명 이 프로젝트에서, 렘브란트 그림을 만드는 데 인공지능이 일정하게 중요한 역할을 했다. 그러나 인공지능에게 붓 주고, 물감 주고, 캔버스 주었더니 렘브란트 스타일로 그려 낸 것이 아니다. 인공지능이 기계학습을 통해 발견해 낸 렘브란트 '스타일'을 마치 TV 모니터에 3차원 픽셀의 형태로 색을 입히면 이를 공동 작업하는 '인간'이 3D 프린터로 출력하는 것이다. 그렇다면 인공지능은 렘브란트 '스타일'을 어떻게 발견하는가? 인간 협력자들이 렘브란트 그림을 잘 흉내 낼 때 최댓값을 갖는 함수, 일종의 렘브란트 유사성 함수를 미리 인공지능에게 주거나 그런 함수를 인공지능이 스스로 찾아낼 수 있도록 인공지능을 프로그램한 후 인공지능이 지속적인 시행착오 계산을 거쳐 이 함수를 찾도록 만든다. 인공지능이 이 작업을 수행하는 과정에서도 끊임없이 인간 협력자들의 도움과 지도가 필요하다.

SF 영화에 등장하는 로봇이나 인공지능 수준에 도달하려면 한참은 기다려야 한다. 근래 들어 인공지능 기술이 엄청나게 빨리 발전하고 있고 도저히 불가능해 보였던 일을 해내고 있는 것은 사실이지만, 대중매체에서 소개하듯 모든 일을 척척 해내는 인공지능 로봇이 10~20년 뒤에 등장할 가능성은 거의 없다. 인공지능이 제기하는 위험은 그보다 훨씬 더 은밀하게 다가온다.

인간과 협력이 전제되어야 인공지능이 지능을 발휘한다는 점 외에도 인공지능과 인간의 작업은 결과물만 비슷할 뿐 과정은 전혀 다르다는 점에 주목해야 한다. 넥스트 렘브란트와 달리 물감을 캔버스에 직접 분사해서 점묘화 스타일의 그림을 제작하는 인공지능이 있는데, 이는 인간 화가가 일일이 붓으로 점을 찍어 그림을 그리는 방식과 분명하게 구별된다. 아직까지 붓놀림을 인간처럼 할 수 있는 로봇 기술이 없기 때문이다. 어쨌든 결과적으로 넥스트 렘브란트는 렘브란트 그림 비슷한 것을 그려 내고 EMI는 유사한 과정을 통해 바흐 음악 비슷한 것을 만들어 낸다. 알파고처럼 결과물이 인간보다 뛰어난 경우도 있다. 이는 인간의 지적 오만에 대한 경고이기도 하다. 인간이 이룩한, 예술 작품처럼 놀라운 인공물을 얻어 내는 데 인간의 방법이 유일한 것이 아니다. 다른 방법으로도 얼마든지 동등하거나 더 좋은 결과를 얻어 낼 수 있다. 그러므로 우리는 이제 인간적 결과물은 인간적인 방식으로 얻어 낼 때 가장 훌륭하다는 생각을 버릴 필요가 있다.

인공지능인가?
기계지능인가?

인공지능이라는 개념 자체에 대해서도 문제를 제기해 보자. 인공지능은 인간이 (자신의 필요에 따라) 만들어 낸 지능이라는 뜻이다. 용어 자체가 주종의 관계를 의미한다. 그러다 보니 우리는 인간과 인공지능의 관계를 설명하기 위해 인간의 역사에서 일종의 유비를 찾게 된다. 예를 들어, 고대 로마 공화정 시기의 노예 지도자 스파르타쿠스가 반란을 일으킨 사건에서 원래 인간 주인에게 복속되었던 인공지능이 나중에는 인간을 지배하려 들 것이라는 연상도 하게 된다. 하지만 앞서 지적한 대로 현재까지 인공지능은 자신의 피지배적 지위를 '억울해하고' 인간에게 '반기를 들 수 있는' 회로 자체가 없다. 물론 인공지능에게 자각 능력이 생기고 인간을 지배하려는 '욕구'가 일면 인간이 두려움을 느낄 수 있겠지만, 그런 인공지능이 인간의 도움 없이 스스로 만들어지는 것은 불가능한 일이다.

적어도 가까운 미래에 등장할 인공지능은 인간의 '도구'이다. 도구에게 지배당할 가능성을 두려워하게 된 데는 '인공지능'이라는 용어와 함께 연상되는 이미지가 중요한 역할을 한 것으로 보인다.

그래서 나는 인공지능보다는 '기계지능machine intelligence'이라는 용어를 선호한다. 지능이 나타나는 방식은 여럿인데, 인간의 방식이 있고 그 방식은 독특하게도 의식적 경험이란 걸 동반한다. 이와 달리 기계에 구현될 수 있는 지능이 있고, 이 지능은 의식적 경험을 못 한다. 탁월한 수행 능력은 보일 수 있지만 말이다. 지능은 인간과 기계에 극적으로 방식을 달리하여 나타날 수 있기 때문이다.

인공지능 전문가 제리 카플란Jerry Kaplan은 이렇게 물었다. "비행기를 '인공 새'라고 했다면 어땠을까?" 아마도 우리는 비행기에 대해 묻지 않는 무의미한 질문들, 예를 들어 인공새는 새처럼 알을 낳는가 등을 궁금해했을 것이다. 이처럼 특정 대상에 어떤 개념을 적용하는지가 우리 사고의 흐름을 좌우한다. 그러므로 우리는 인공지능을 인간지능에 자꾸 빗대기보다는 자동화automation에 빗대는 편이 더 낫다. 인공지능은 아직 욕구도 없고 목적도 없다. 모두 인간이 주어야 한다. 그렇기에 인간지능보다는 매우 뛰어난 자동기계라고 생각하는 것이 더 적절하다. 그렇지 않으면 불필요한 디스토피아적 전망에 매달리게 된다.

SF 영화에서는 인공지능이 아주 고난도의 과제를 수행하려면 욕구라든가 목적을 가져야 하는 상황을 종종 가정한다. 하지만 이는 진짜 가정에 불과하다. 인공지능의 작업 효율성을 높이는 데 욕

새의 모습을 본격적으로 흉내 낸 에어버스의 미래 비행기 개념도

구나 목적이 필수적인지에 대해 현재 합의된 견해는 없다. 또 한 가지 흔한 가정은 뛰어난 인공지능을 작동시키다 보면 어느 순간 인공지능이 갑자기 자의식을 갖게 된다는 것이다. 영화 〈터미네이터〉의 '스카이넷'이 그런 사례이다. 그런데 왜, 어떻게 자의식을 가져야 되는지에 대해 영화에서는 아무런 설명이 없다. 하지만 인공지능이 인간과 비슷한 진화 패턴을 따르리라고 가정해야 할 과학적이거나 철학적인 근거는 없다. 오히려 인간에게는 너무나 '낯선 지능'인 인공지능은 인간보다 지적으로 훨씬 뛰어나게 되더라도 인간과는 달리 자각이나 느낌 없이 작업을 수행하게 될 것이라 생각하는 편이 더 자연스럽다.

물론 자의식까지 포함하여 인간지능의 모든 면을 갖춘 인공지능이 논리적으로 불가능하지는 않다. 하지만 그런 인공지능이 하늘에서 갑자기 떨어지지 않는 한 인간 공학자들에 의해 만들어져야 할 텐데 현재 우리의 인공지능 연구는 이런 인공지능 개발에 초점이 맞추어져 있지 않다. 인공지능 연구 대부분은 특정 기능을 수행하는 '인공 특수지능special intelligence'에 주력한다. 인공지능 개발비는 엄청나다. 수지타산이 맞으려면 그로부터 엄청난 이득을 얻을 수 있어야 한다. 투자의 관점에서 보면 법률 문서를 읽고 요약하는 일만 잘할 수 있는 특수 인공지능을 만드는 것이 수많은 가사일을 도맡아 해결할 수 있는 '인공 일반지능general intelligence'을 만드는 것보다 훨씬 매력적이다. 참고로 인간에게 가사일은 상대적으로 많은 사람이 할 수 있고 법률 문서를 정리하는 일은 오랜 기간 훈련을 받은 소수의 사람들만 할 수 있지만, 인공지능의 경우에는 거꾸로다. 법률 문서만 처리하는 인공 특수지능을 만드는 일이 다양한 가사일을 요령 있게 할 수 있는 인공 일반지능을 만드는 일보다 훨씬 쉽다. 이 점에서 인공지능의 '낯선' 특징이 하나 더 나타난다!

먼저 인간을 이해하기

앞으로 낯선 인공지능은 우리 삶에 점점 더 널리, 더 깊숙하게 침투할 것이다. 이 사실은 포스트휴머니즘을 이해하는 우리의 방식에 중요한 시사점을 던진다. 이를 논의하기 위해 우선 휴머니즘 혹은 인문주의·인본주의가 무엇인지부터 살펴보자.

휴머니즘은 르네상스 시대부터 본격적으로 서양 문화권 내에서 논의되기 시작했다는 것은 잘 알려져 있다. 하지만 각 시대마다 휴머니즘이 의미하는 바가 변화했다는 점은 상대적으로 덜 알려져 있다. 우리 사회에서 휴머니즘은 분야별로 고정된 이미지와 연결되는 경우가 많다. 인문학자들은 휴머니즘을 인문주의적 탐색과 연결 짓고 그 핵심은 인간과 사회에 대한 고전the Classics을 탐색하는 작업에 있다고 생각한다. 한편 사회과학자들은 휴머니즘의 핵심은 인권 개념에 기초한 인본주의이며 인간의 권리에 대한 강조와 제도화 과정에 주목한다. 하지만 이런 생각은 휴머니즘이 역사의 흐름을 반영하여 끊임없이 재정의 되어 왔다는 점을 간과하고 있다.

인문주의의 성격이 강했던 르네상스 휴머니즘은 기본적으로 고대로의 회귀에서 비롯했다. 서양의 역사에서 12세기까지는 중세

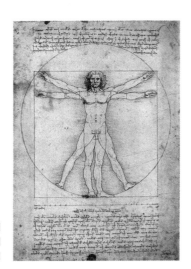

르네상스 휴머니즘의
정신을 대표하는 레오나르도 다 빈치의
인간 신체 드로잉

의 '암흑시대'로 불린다. 중세에 대한 지나친 편견이긴 하지만, 어쨌든 르네상스인들은 그렇게 느꼈던 것 같다. 자신의 시대가 고대 그리스·로마 시대보다 문명이 후퇴한 정말 형편없는 시대라고 느꼈고, 고대의 뛰어난 지혜를 담은 문헌 대부분이 로마 제국이 무너지고 이민족이 쳐들어오는 역사적 혼란기에 없어졌다는 점을 문명 몰락의 원인의 하나로 지목했다. 아랍 세계로 전해진 일부 문헌은, 아랍에서 엉터리로 번역했다고 평가하며 아랍의 기여를 폄하하기도 했다. 그래서 14~15세기의 본격적인 르네상스 이전의 12세기 르네상스를 이끈 학자들은 유럽 곳곳과 시리아나 동방까지 다니며 고문헌을 복원하는 일을 했다. 그런데 그리스·로마 원전을 복원해서 당대의 유럽어로 번역하는 작업을 수도원에서 200년 넘게 수행한 결과 놀라운 사실이 밝혀진다. 애초에는 고대가 당대와는 비교가 안 되는 높은 수준의 문명을 가졌다고 생각했지만, 막상 번역이 어느 정도 완성되고 보니, 문학이나 예술 작품은 분명 뛰어났지만 과학지식 면에서는 오히려 고대인들이 자신들보다 모르고 있던 것이 많다는 점을 발견한 것이다. 그래서 고대 문예부흥 운동으로 시작한 르네상스는 결국에는 일종의 자신감 회복으로 이어지고 근대 과학혁명을 거쳐 새로운 시대를 개척하려는 노력으로 결실을 맺는다.

그 결과 르네상스 시기의 문예부흥 중심의 인문주의는 자신이 살고 있는 시대에 대한 자신감을 가지고 훨씬 더 나은 세계를 만들어 낼 수 있다는, 인간의 능력에 대한 자각과 자신감 회복의 근대 인문주의로 변모하게 된다. 영국의 경험론자 베이컨은 이런 생각을 체계적으로 발전시켜서 과학적 탐구 결과에 바탕을 둔 유토피아 건설이 가능하다고 믿었다. "아는 것이 힘이다"는 그의 명제는 이런 의미에서 근대 휴머니즘의 자신감 넘치는 세계 변혁의 의지를 표출한 것이다.

휴머니즘의 또 다른 양상인 인본주의는 프랑스 혁명 시기에 본격적으로 등장한다. 프랑스 혁명의 사상적 기초는 계몽사상이었고 계몽사상은 근대 과학이 가져다준 자신감에서 비롯했다. 종교적 편견이나 미신이 아니라 객관적 과학 방법론을 통해 밝혀 낸 과학지식을 널리 전파하고 활용하면 더 나은 세상을 '인간의 힘만으로도' 만들 수 있다는 확신이 계몽사상의 중심부에 자리 잡았다. 이 확신에 기존 구체제를 향한 불만이 더해지면서 '혁명'으로 폭발했고, 그 과정에서 인본주의로 이해되는 휴머니즘에서 중요한 천부인권 개념이 나왔다. 이 인권 개념에는 두 가지가 중요하다. 하나는 태어나면서부터 모든 '인간'에게 주어지는 권리라는 점이다. 이를 뒤집어보면 인권은 오직 인간만이 가진다는 말이 된다. 다른 하나는 인권은 양도 불가능한 권리라는 점이다. 내가 자발적으로 노예가 되겠다고 해도 허용될 수 없는 것이다.

인본주의적 인권 개념은 19세기를 거치면서 복지국가 개념과 결합하게 되고, 국가는 국민의 기본적 복지를 포함한 확대된 인권을 보장할 수 있는 관련 제도를 만들고 시행해야 할 의무를 지게 된다. 20세기에 들어 인권 개념은 더욱 확대되어, 1948년 유엔이 제정한 세계인권선언Universal Declaration of Human Rights에는 교육 받을 권

세계인권선언 채택 과정에서 중요한 역할을 했던
앨리너 루스벨트가 선언문을 들고 있다.

리까지 포함된다. 지금이야 누구나 교육받을 권리를 당연한 인권이
라 생각하지만 당시에는 이것까지 보편 인권에 포함하는 것이 마땅
한지를 두고 상당한 논쟁이 있었다. 소극적 자유 즉 이동이나 거주,
그리고 사상의 자유 외에, 적극적 자유, 생존과 개인의 자아실현을
위해 필요한 최소한의 사회적 기반이 제공되어야 한다는 생각이 당
시에는 많은 사람들에게 '낯설게' 느껴졌기 때문이다. 이처럼 인권
개념은 지난한 사회적 논의 과정을 거쳐 끊임없이 확대되었고, 인
본주의에 입각한 여러 사회적 제도가 마련되어 왔던 것이다.

　이처럼 휴머니즘이 인문주의 혹은 인본주의로 이해되는 방식

과 그 구체적 내용은 윤리적 직관의 변화, 사람들의 적극적인 사회 운동, 정치문화 체계의 변동 등에 의해 끊임없이 변화되어 왔다. 르네상스 인문주의자들이 21세기 현재 우리가 이해하는 휴머니즘을 보고 완전한 공감을 느낄 가능성은 거의 없다. 중요한 점은 이런 휴머니즘의 재정의는 역사가 끝나지 않는 한 미래에도 계속될 것이라는 사실이다.

포스트휴먼의 물음, '인간은 존엄한가?'

휴머니즘이 이해되어 왔던 역사적 배경을 살펴본 이유는, 인공지능이라는, 인간은 분명히 아니고 인간하고 굉장히 다른 방식으로 작동하는 지적 존재가 등장한 현 상황에서 전통적인 인권 개념, 인간만이 가지고 있고 그 권리를 국가나 사회나 어떻게든 보장해 주어야 하고, 양도 불가능한 이런 권리 개념을 계속 유지하는 것이 여전히 적절한지를 묻기 위해서다. 또 앞서 "인공지능의 위험은 훨씬 은밀하게 온다"고 했는데, 그 '은밀한 위험'의 정체와 이 물음이 맞닿아 있기 때문이다.

내가 철학 수업 시간에 학생들에게 "인간이 왜 존엄할까?"라고 물으면 신통한 답이 나오질 않는다. 인간의 존엄성은 '자명하다'고 생각했지 그 근거를 궁리해 본 적은 별로 없기 때문일 것이다. 근거는 결국 인간만이 가졌다고 생각되는 가치 있는 특징을 지적하는 방식이 되기 쉽다. 그런데 이런 대응은 21세기의 맥락에서 성공적이기 어렵다. 예를 들어, 인간의 도구 사용을 인간 존엄성의 근거로

내세운다면 19세기까지는 통했겠지만 현재는 인간이 아닌 침팬지도 지역마다 다른 방식으로 도구를 사용한다는 점이 잘 알려져 있다. 언어로 의사소통할 수 있는 능력을 내세운다면 인터넷으로 연결된 컴퓨터도 일종의 언어를 사용해서 의사소통한다는 사실 앞에서 맥을 못 추게 된다. 인공지능이 인간만이 할 수 있다고 여겨졌던 여러 수행 능력을 선보이면서 이런 대응 전략은 더더욱 성공적이기 어렵게 되었다. 인간만이 예술 작품을 창작할 수 있다고 이야기하기도 어렵고, 인간만이 논리적 추론을 수행할 수 있다고 하기도 어렵다.

이런 생각을 하다 보면 결국 인간의 특별한 능력은 '의식적 경험'에서 찾게 된다. 아직까지 '의식적 경험'을 하는 인공지능은 존재하지 않고, 앞서 설명했듯이 앞으로도 그런 인공지능이 가까운 미래에 등장할 가능성은 낮기 때문이다. 그러나 또 되풀이하지만 '의식적 경험'이 모든 지능적 존재가 반드시 가져야 할 가치 있는 것이라고 주장할 철학적 근거는 거의 없다.

오해를 막기 위해 미리 이런 논의의 목적이 인간이 존엄하다는 생각은 근거가 없으니 인간 존엄성이나 그에 근거한 인권 개념을 포기하자는 말이 아니라는 점을 강조한다. 뛰어난 예술 작품을 감상하면서 우리가 향유하는 '의식적 경험'이 가치 없다고 말하는 것도 아니다. 다만 우리에게 가치 있는 그 '의식적 경험'이 존재론적으로 보편적 가치를 가지는지에 대해서는 논의의 여지가 있다는 것이다. 왜 그러한가? 현재 등장 중인 인공지능처럼 인간과 수행 능력에서는 동등하면서도 '의식적 경험'을 못하는 존재자가 있기 때문이다. 이런 상황에서 인간적 가치만이 귀중하고 그런 가치를 향유하지 않는 존재자는 어떤 권리도 부여될 수 없다는 생각은 적어도 추가로 논의가 필요한 사안이다. 결국 인공지능의 등장은 우리로 하여금 휴머니즘에 대한 진지한 재검토를 요구한다.

인공지능의 은밀한 위험

또는 도전　　인공지능이 제기하는 휴머니즘적 가치에 대한 재검토가 의미하는 바를 더 정확하게 이해하기 위해 법인 개념을 살펴보자. 법인(legal personhood)은 '법적 인격(법인격)'의 준말이다. 실제로 사람은 아니지만 법적으로는 사람에게 부과되는 책임과 의무를 떠안을 수 있는 대상에 부여되는 개념이다. 대표적 사례가 주식회사다. 역사적으로 법인은 13세기에 교황 이노센트 4세가 수도원이라는 종교기관이 재산권을 가질 수 있는 법적 장치로 도입했다고 한다. 왕이나 귀족 등 세속 권력으로부터 교회 재산을 지킬 수 있는 일종의 '가상 인격권' 개념이다. 그 이후 근대 대항해 시대를 거치며 법인격은 투자 위험을 분산할 수 있는 방식으로 유한회사나 보험회사 등에 도입되면서 훨씬 더 광범위하게 활용되었다.

　　최근에는 인도 갠지스강에도 법인 자격이 일부 부여되었다. 물론 갠지스강에 법인 자격을 부여했다고 해서 강을 사람과 똑같이 취급한다는 뜻은 아니다. 다만 법인이 된 갠지스강을 오염시키는 것은 사람에게 위해를 주는 것과 법적으로 동등하게 취급되어 갠지스강의 환경 보호가 제도적으로 강화된 측면이 있다. 이에 더해 인도인들에게 신성한 강으로 여겨지는 갠지스강의 상징적 지위를 법적으로 인정한 측면도 있다. 갠지스강처럼 자연물에 법인 개념을 적용한 사례는 뉴질랜드 왕거누이강, 브라질의 침엽수림 등 세계 곳곳에 있다. 이들 자연물 법인격은 환경적, 문화적 목적을 달성하기 위한 제도적 장치로 도입된 것이다.

인공지능에도 법적 인격을 부여하자는 논의가 국제적으로 활발하게 진행 중이다. 갠지스강과 마찬가지로 인공지능과 인간을 동등하게 똑같이 대우하자는 의미는 아니다. 대중매체에서 다루듯, 이러다가 로봇이 투표도 하고 정치도 하는 세상이 금방 도래하는 것도 결코 아니다. 만약 인공지능에 법인격이 부여된다면 이는 훨씬 구체적인 문제를 풀기 위한 사회적 결정이라고 보아야 한다. 예를 들어, 자율주행차는 인간의 직접적이고 실시간적인 결정에 의존하지 않고 상황에 대한 정보를 활용해서 '자율적으로' 행위를 결정한다. 이런 인공지능 기계의 행위 결과에 대해 법적 책임을 따지는 하나의 해법으로 법인격의 부여가 논의되는 것이다. 물론 자율주행차에 법인격을 부여하는 것이 자율주행차 관련 교통사고를 법적으로 해결하는 유일한 방법은 아니다. 다른 방식도 얼마든지 가능하다.

따라서 인공지능 법인격은 기계에게 인격권이라니 말이 안 된다는 생각이나, 이제 기계도 인간과 동등하게 대우해야 한다는 생각처럼 양극단의 이분법으로 볼 문제가 아니다. 우리는 앞으로 인공지능이 더 보편적으로 활용되는 세상에서 인공지능과 더 복잡하게 상호 작용하며 살아갈 것이다. 지금은 그러한 세상에 적합한 법적, 제도적 장치가 무엇인지를 차분하고 면밀하게 논의할 때다. 물론 인공지능 법인격이 일부 도입되어 그 범위가 점점 확대되고, 먼 미래에는 충분히 발달한 인공지능이 인간과 동등한 권리를 부여받는 상황이 올 수도 있다. 하지만 그 과정은 인권 개념이 인간 사회에서 확대되었듯 점진적이고 수많은 사회적 논의와 사회운동을 통해 이루어질 것이지 인공지능에 대한 간단한 개념 규정으로 결정나지는 않을 것이다.

인공지능이 제기하는 '은밀한 위험'이란 이처럼 휴머니즘적 가치에 대한 조심스럽고 진지한 검토를 요구하는 것과 관계된다. 그리고 이는 물론 휴머니즘을 어떤 형태로든 넘어서려는 포스트휴머니즘 담론에서 중요한 고려 사항이 될 것이다. 앞서 법인 개념이 등장하고 확장되어 가는 방식에서 알 수 있듯이, 이 같은 휴머니즘적 가치에 대한 재검토는 역사적으로 오랫동안 진행되어 왔고 여전히 현재 진행형이다. 다만 인공지능이라는 매우 낯선 기계지능의 등장은 이런 재검토가 더 광범위한 영역에 걸쳐 훨씬 더 적극적으로 이루어져야 함을 요구한다.

포스트휴머니즘의 담론은 21세기에 기술이 엄청나게 발전해서 갑자기 생겨난 새로운 흐름이 아니다. 적어도 12세기 르네상스 시기부터 휴머니즘, 즉 인문주의와 인본주의를 어떻게 정의할 것인가를 놓고, 인간이란 무엇인가, 인간적 가치란 무엇인가, 인간적 가치의 범위와 내용은 어떤 것인가, 그것을 사회적으로 얼마만큼 보장해 주어야 하는가, 인간적 가치의 고려 대상에 포함될 존재자는 어디까지인가를 두고 800년 넘게 거듭된 고민의 연장선에 있다. 포스트휴머니즘은 단순하게, 인간과 기계는 동등하다, 기계도 마음을 갖는다, 기계의 마음이 인간보다 열등하지 않다는 식으로 선언할 수 있는 주장이 아니다. 포스트휴머니즘은 그 구체적 내용이 무엇으로 채워질지 미리 결정되어 있지 않은 논의의 틀이라 할 수 있다. 그리고 그 논의의 틀은 인문주의와 인본주의에 대한 학술적 논의만이 아니라 그 논의 결과를 사회적, 제도적으로 반영하여 더 바람직한 사회를 만들어 가려는 실천적 노력을 동반해야 한다.

지금의 인공지능이 우리에게 낯설고 신기하지만, 우주적 관점에서 보자면 인공지능의 등장 이전에도 인간만이 전 우주의 유일한 지적 생명체일 가능성은 사실 거의 없다. 별 주위를 도는 행성 중에 너무 뜨겁지도 차갑지도 않고 적당해서 생명체가 있을 가능성이 높은 것을 골디락스goldilocks 영역의 행성이라고 부른다. 이런 운 좋은 행성의 후보군은 우리 은하계 말고도 또 다른 은하계에도 무수히 많다. 따라서 우리와 같은, 혹은 우리보다 더 뛰어난 지적 생명체가 존재할 가능성은 아주 높고 그 수도 매우 많다고 보아야 한다. 워낙 이들 행성들이 띄엄띄엄 있어서 아마도 인류가 생존하는 동안 외계인을 만날 가능성은 높지 않다. 그렇다고 해서 우리와 매우 다른 '마음'을 가진 외계인이 이 우주에 굉장히 많다는 점을 부인할 수는 없다. 또 우주에서 '마음'을 지닌 모든 지적 존재자가 인간이 지닌 (물론 우리에게는 매우 소중한) 마음의 독특한 측면을 반드시 지녀야 한다고 주장하기는 어려워 보인다. 그보다는 인간의 지능과 마음은 지능과 마음이 발현될 수 있는 다양한 방식 중 하나라고 보는 것이 더 합리적이다. 이런 관점에 선다면 우리에게는 너무나 '낯선' 인공지능을 조금은 더 객관적으로 볼 수 있지 않을까?

SF 작가 브루스 스털링Bruce Sterling의 소설 『스키즈 매트릭스 Schismatrix』라는, 인류의 미래를 다룬 작품을 소개하며 글을 맺겠다. 이 책에서 인간은 태양계 너머 더 큰 우주로 진출하는 과정에서 자신의 몸과 마음을 적극적으로 변형한다. 인간은 지구에서 진화한 존재라 우주여행에 적합하지 않은 존재이기 때문이다. 기술적으로도 그렇고 에너지도 많이 든다. 그래서 인간을 다양한 우주 환경에 맞게 변형하고 결과적으로 호모 사피엔스가 다양한 종으로 분화된다. 우주복을 피부처럼 평생 벗지 않는 종도 나오고, 목성의 위성 유로파Europa의 바다에서 살기 위해 물고기처럼 변형된 종도 등장한다.

사실 이런 시나리오가, 예를 들어 인류가 기후 변화를 잘 이겨내고 더 오래 생존하게 되어 수만 년 뒤에도 살아남을 미래를 가정하면 실현 가능성이 높은 시나리오라고 볼 수 있다. 그렇다면, 사고 실험을 해 보자. 몇만 년 뒤에 인간에게서 유래하지만 현재 우리가 보기에는 외계인과 다름없는 존재자가 우주에 퍼져 있는 상황이 되었다고 하자. 이때 인류의 휴머니즘 가치는 어떤 내용과 의미를 갖게 될까? 우리가 현재 강조하는 자유, 평등, 정의와 같은 가치가 사라질 가능성은 별로 없어 보인다. 하지만 그 가치는 지금 우리가 이해하거나 정의하는 방식과는 상당히 다르게 이해되고 정의될 것이다. 포스트휴머니즘이 강조하는 휴머니즘적 가치의 재검토는 이런 가능성까지 내다보며 우리가 너무나 당연시하는 여러 전제들에 대해 진지한 성찰과 사회제도적 변화를 검토해 보자는 것이다. 최근 우리가 목도하고 있는 인공지능의 급속한 발전은 이런 준비가 더는 미룰 수 없는 도전임을 분명하게 시사한다.

2장

사이보그

인간에서
초인으로?
기계가 된 인간

이영의

●
○

　인간이 사이보그가 되어 가고 있다. 아니 이미 인간은 사이보그다. 이렇게 말한다면 독자 중에는 '왜 내가 사이보그야?', '어떤 의미에서 내가 사이보그지?'라고 의문을 제기할 사람이 많을 것이다. 지금부터 우리가 왜 사이보그인지를 함께 살펴보자. 소설이나 영화에는 다양한 사이보그들이 등장하는데 준비 삼아 간단한 퀴즈를 하나 풀어 보자. 다음은 우리가 익히 아는 영화에 등장하는 주인공들이다. 〈공각기동대〉의 '쿠사나기', 〈엑스 마키나〉의 '에이바', 〈로보캅〉의 '머피', 〈터미네이터〉의 'T-800', 〈600만 불의 사나이〉의 '스티브', 〈론머맨〉의 '죠브'. 이들 중에서 과연 누가 사이보그일까?

사이보그는
누구인가?　　사이보그에 관해 대중들이 관심을 가진 것은 1989

년부터 나온 시로 마사무네土郎正宗의 만화 〈공각기동대〉에서 비롯

한다. 〈공각기동대〉는 이후 여러 차례 만화영화와 실사영화로 제작

되었는데, 그중에서 대중에게 잘 알려진 것으로는 1995년 극장판

만화영화와 2017년 루퍼트 샌더슨이 감독하고 스칼렛 요한슨이 주

연한 실사영화다.

　　1995년 극장판 영화가 보여 주는 사이보그 탄생 과정을 짚어

보자. 우선, '의체擬體'라고 불리는 몸이 만들어진다. 여기서 몸이 의

체라고 불리는 이유는 그것이 타고난 몸이 아니라 인공적으로 '만

들어진 몸'이기 때문이다. 그렇다고 사이보그의 몸이 모두 다 인공

적인 것은 아니다. 자연적인 것이 있다. 사이보그의 뇌는 인간 뇌

인데, 전자장치에 연결되어 있다는 의미에서 '전자화된 뇌', 즉 '전

뇌電腦'다. 사이보그는 전뇌로 생각하고 의체를 조종한다. 〈공각기

동대〉에 등장한 사이보그는 사고로 몸이 손상된 인간의 뇌를 추출

하여 전뇌화하여 의체에 넣는 방식으로 제작된다. 이 점이 중요하

다. 사이보그는 의체라는 기계적 요소와 전뇌라는 생명체의 요소

가 결합한 존재이다. 〈공각기동대〉의 부제는 '고스트 인 더 셸Ghost in

the shell'인데, 여기서 의체는 '껍질shell'이고 그 껍질 안에 들어 있다

고 가정되는 것은 '고스트ghost'이다. 그렇게 가정된 것을 '영혼'이나

'마음'이 아니라 '고스트'라고 부른 이유는, 나중에 다시 논의되겠지

만, 고스트가 영혼이나 마음이 존재하는 방식과 사뭇 다르게 존재

〈공각기동대〉 극장판 만화영화 포스터(1995)와 실사영화 포스터(2017)

하기 때문이다.

만화영화가 그려 낸 전뇌와 의체의 결합은 사이보그의 정의와
도 잘 부합한다. '사이보그cyborg'라는 말은 인공두뇌학을 뜻하는 '사
이버네틱스cybernetics'와 '생명을 갖는 것'을 뜻하는 '유기체organism'
의 합성어다. 그러므로 사이보그라는 말은 '인공적인 것'과 '자연적
인 것'을 동시에 담고 있다는 의미에서 자기 모순적인 개념이다. 진
화론적으로 보았을 때 이런 내적 모순성을 지닌 생명은 자연에서는
발견되지 않았지만, 이제 유전공학이나 정보통신공학이 발전하면
서 그런 존재의 가능성이 점차 커지고 있다. 특히 사이보그가 대표

적인 예에 속한다. 사이보그는 다음과 같이 두 가지 유형으로 존재한다. 첫째 유형의 사이보그는 앞서 말한 방식으로 신체 일부나 전체를 기계로 대체한 사이보그다. 〈공각기동대〉에 등장하는 쿠사나기 소령은 그 대표적인 예이다. 둘째 유형의 사이보그는 기계와 결합한 생명이지만 존재하기 위해 반드시 물리적 기반이 필요치 않은 사이보그다. 이런 사이보그는 의체가 필요하지 않으며 물리적 세계가 아니라 가상 세계에서 살아간다. 이처럼 두 가지 유형의 사이보그는 존재 방식에서 차이가 나지만 모두 살아 있다는 점에서 공통된다.

그런데 살아 있다는 것은 무슨 의미일까? 로봇은 움직이기는 하지만 우리는 그것을 살아 있다고 보지는 않는다. 설사 로봇이 인간처럼 말을 잘해도 마찬가지다. 인공지능 스피커에 "TV 틀어 줘"라고 말하면 "알았어요"라고 답하면서 TV를 켜 주지만 우리는 그것이 살아 있다고 보지 않는다. 로봇의 행동이나 외모가 아무리 인간을 닮았더라도 우리는 그것을 사이보그라고 부르지 않는다. 왜냐하면 거기에는 생명이 없기 때문이다. 생물학자들은 생명의 특징으로 물질대사, 항상성, 복제, 유전 등을 들고 있는데, 유감스럽게도 생명과 무생명이 그런 기준으로 명쾌하게 구분되지는 않는다. 대표적인 예가 바이러스다. 바이러스는 세포나 효소를 갖고 있지 않기 때문에 물질대사를 하지 못하고 살아 있는 숙주에 기생하면서 살아간다. 이런 의미에서 바이러스는 생명이기도 하고 무생명이기도 하다. 또 다른 예로는 광물인 수정이 있다. 수정은 성장하고 복제하기 때문에 생명으로 볼 수도 있다. 컴퓨터 바이러스는 바이러스나 석영처럼 생명과 무생명의 경계에 있으면서도 '전자 세계'에 살고 있다는 또 다른 특징을 갖는다. 이처럼 우리의 일상적 직관과는 달리 생명과 무생명을 구분할수록 그 경계는 모호해진다.

인간이 사이보그가 되었을 때 얻는 것은 무엇이고 잃은 것은 무엇일까? 우선 우리는 죽음을 극복하고 영생을 얻을 수 있다. 인간이 사망하는 주원인은 심장사나 뇌사다. 사이보그가 된 인간, 즉 호모 사이보그homo cyborg는 의체와 전뇌가 계속 작동하면 이론상 영원히 살 수 있다. 영생 외에도 강한 신체와 초지능 등 인간이 오랫동안 추구해 왔던 많은 것을 얻을 수 있다. 그렇다면 잃어 버리는 것은? 인간성을 상실할 것이라고 두려워하는 이들이 있다. 여기서 '상실'이라는 말은 지켜야 할 무언가가 있다는 것을 전제하므로, 무엇을 잃게 되느냐는 질문은 반드시 지켜야 할 것이 무엇인가라는 질문으로 이어진다.

이제 누가 사이보그이냐는 퀴즈에 답해 보자. 〈공각기동대〉의 쿠사나기 소령은 사이보그가 맞다. 〈600만 불의 사나이〉와 〈로보캅〉의 주인공도 사이보그다. 이들은 첫째 유형의 사이보그다. 인간적 죽음 이후에 가상 세계에서 부활하는 〈론머맨〉의 죠브는 둘째 유형의 사이보그다. 이와 대조적으로, 〈터미네이터〉의 T-800은 사이보그가 아니다. T-800의 뇌는 인공물이기 때문이다. 〈엑스 마키나〉의 에이바도 안드로이드라고 불리는 로봇이다.

진짜 사이보그,
케빈 워릭과 휴 허

이제 상상 속 사이보그가 아니라 진짜 사이보그를 살펴보기로 한다. 사이보그는 이미 실제로 존재한다. 자타 공인 최초의 사이보그로 불리는 케빈 워릭Kevin Warwick이라는 영국 공학자가 있다. 워릭은 1998년 자기 팔에 동전 크기의 칩을 이식했다. 워릭이 연구동에 들어서면 건물을 관리하는 컴퓨터가 칩의 신호를 알아채고 문을 열어 주고 연구실의 전원을 켜 주었다. 워릭은 4년 후 더 정교한 칩을 팔에 이식하고 그것을 자신의 중추신경에 연결했으며 그 칩의 신호를 컴퓨터가 인지하도록 장치했다. 이제 워릭의 몸은 부분적으로 의체가 되었다. 이렇게 컴퓨터와 연결된 워릭은 다른 방에 놓인 로봇 팔을 작동하거나, 미국으로 건너가 대서양 너머에 있는 자신의 연구실에 놓인 로봇 팔을 원격으로 작동하는 데 성공했다. 워릭의 사이보그 프로젝트에는 그의 부인도 참여했다. 부부는 팔에 이식된 칩을 통해 서로에게 감정을 전하고 그렇게 전달된 감정을 공유하기도 했다. 인간의 감정은 원래 몸을 매개로 하는 만큼 손을 잡는다든가 눈빛을 교환하는 상황에서 발생하는데 이제는 공감의 상대가 같은 공간에 있을 필요가 없게 되었다.

워릭은 자신이 개발한 사이보그 기술을 활용하여 신경이 마비된 환자를 치료할 수 있다고 주장한다. 사이보그 기술은 실제로 신체적 결함이나 질병을 치료하는 데 이바지하고 있다. 그러나 워릭은 호모 사이보그에 대해 치료적 차원에 그치지 않고 진화적 차원에서도 접근한다. 인간이 기계와의 생존 경쟁에서 살아남기 위해서는 인간 능력을 향상하여 사이보그로 진화해야 한다는 것이다. 찰스 다윈Charles Darwin에 따르면 진화의 목표는 결정되어 있지 않다. 그러므로 워릭의 생각이 옳다면, 호모 사이보그는, 마치 인간이 진화 과정에서 네발로 기어 다니는 능력을 상실한 것처럼, '진정한 상실'이 없는 진화의 과정으로 나타난다.

　진짜 사이보그의 또 다른 예는 MIT의 휴 허Hugh Herr 교수다. 어릴 적부터 암벽 등반을 좋아했던 휴 허는 18세에 빙벽 등반 중 사고로 동상에 걸린 양쪽 다리를 무릎 아래까지 절단해야 했다. 10대 후반에 이런 일을 경험하면 보통 사람은 좌절하기 마련이다. 휴 허는 그렇지 않았다. 그는 자신이 만든 의족으로 다시 암벽 등반을 시작했고 사고 전보다 난도가 더 높은 암벽을 올랐다. 또 그는 일반

2016년 아스투리아스 여공상을 수상한 휴 허 교수

의족의 불편함을 개선하고자 물리학, 기계공학, 생체물리학을 전공하여 마침내 MIT에서 신경계에 연결된 로봇 다리를 개발하는 데 성공했다. 의체를 개발한 것이다. 그가 개발한 로봇 다리는 실제 인간 다리의 기능을 거의 완벽하게 수행함으로써 질병이나 사고로 다리를 잃은 많은 사람에게 희망을 주고 있다. 휴 허는 앞으로 신체장애가 아니라 기술장애가 문제가 되는 시대가 올 것이라고 강조한다. 가까운 미래에 모든 신체장애가 극복되고 인간이 신체의 한계에서 해방될 것이며, 그때가 되면 인간은 새로운 자유와 정체성을 얻게 되리라 전망한다.

케빈 워릭과 휴 허의 사례에서 우리는 어떻게 인간이 사이보그가 되는지를 알 수 있다. 거기에는 인간이 사이보그가 되는 두 가지 방식이 나타난다. 워릭은 자발적으로 사이보그가 되었고, 휴 허는 비자발적으로 사이보그가 되었다. 아직은 자발적으로 멀쩡한 다리를 자르고 로봇 다리로 대체하는 수술을 받고자 하는 사람이 드물지만, 성형수술의 사례에서 볼 수 있듯이, 인지적이고 미적인 이유로 정상적인 신체를 의체로 대체하는 자발적 사이보그화가 증가할 것으로 보인다. 휴 허는 테드TED 강연에서 자신은 현재 사이보그가 아니라고 말했다. 왜냐하면, 신경계를 통해 로봇 다리를 움직일 수 있지만 로봇 다리를 통해 세계를 경험하지는 못하기 때문이다. 풀밭, 모래밭, 자갈길을 맨발로 걸을 때의 감촉은 분명히 다르지만, 로봇 다리는 그런 감각적 차이를 신경계에 전달하지 못한다. 이는 마치 음식을 먹기는 하지만 그 맛을 못 느끼는 것과 같다. 철학자들은 맨발이 전하는 풀밭의 감촉, 혀가 전하는 맛의 주관적 느낌을 감각질qualia이라고 부른다. 휴 허가 말하는 호모 사이보그는 의체가 감각질을 얼마나 구현할 수 있는지에 따라 그 성공 여부가 달려 있다.

휴 허가 자신이 아직은 사이보그가 아니라고 주장하는데도 우리는 그를 사이보그로 본다. 왜 휴 허가 사이보그일까? 힌트는 그의 삶에 있다. 휴 허는 로봇 다리 기술을 여럿 개발했을 뿐만 아니라 로봇 다리를 장착하고 암벽 등반을 즐기고 있으며, 그를 보고 많은 사람이 장애를 극복하고 정상적으로 생활할 수 있는 용기를 얻고 있다. 이러한 공로를 인정받아 휴 허는 2016년 아스투리아스 여공상Princess of Asturias Award을 받았다. 영광스러운 상을 받는 자리에 휴 허는 당당하게 로봇 다리가 보이는 복장으로 참여했다. 그는 실제로 늘 그런 복장으로 생활하고 강의도 한다. 그에게 로봇 다리는 숨기고 싶은 장애가 아니라 자신의 정체성을 나타내는 부분이다. 남에게 보이고 자랑하고 싶은 것이다. 휴 허는 자발적으로 사이보그가 되지 않았지만, 자신의 의족과 로봇 다리를 통해 의체를 경험했고 새로운 자아와 새로운 자유를 발견했다. 호모 사이보그는 기계로 대체된 의체를 장애나 결함으로 보지 않고 '새 몸'으로 본다. 이것이 사이보그의 중요한 특징이다. 현재로는 의체화가 부분적으로 성공하고 있는 데 비해 전뇌화는 그렇지 못하다. 만약 인간 뇌가 전뇌가 되어 의체와 매끄럽게 결합한다면, 진정한 호모 사이보그가 출현할 것이다. 지금은 휴 허가 보여 준 삶의 방식이 예외적이지만 미래에는 많은 사람이 그런 삶을 살게 될 것이다. 이런저런 옷을 사서 입어 보듯이, 키도 키워 보고 얼굴 모양도 바꾸고 자아도 바꿔 보는 세상, 그리고 그런 의체를 숨기지 않고 투명하게 보이는 세계가 펼쳐질 것이다.

테크노바디, 생트 오를랑

지금까지 살펴본 사이보그와는 성격이 완전히 다른 사이보그도 있다. 생트 오를랑Saint Orlan이라는 신체미술가가 그 주인공이다. '오를랑'이란 이름은 5개 단어의 첫 글자를 조합한 가명이다. 차례로 '곳곳에 있음omnipresence', '저항resistance', '자유liberty', 조커의 연인 '할리퀸Harlequin', '첨단기술new Technology'을 상징한다. 생트 오를랑은 1990년부터 4년간 자신의 성형수술 장면을 인터넷으로 생중계하는 '생트 오를랑의 재생' 프로젝트를 수행했다. 이 프로젝트에서 그녀는 수술 중에 무언가를 낭독하고 의료진의 퍼포먼스도 연출함으로써 성형술과 미에 대한 일반적 편견을 타파하고자 했다. 자기 얼굴을 세상에서 가장 멋있는 이마, 눈, 코, 입술, 턱으로 채우면 가장 멋있는 얼굴이 되지 않을까? '재생' 프로젝트는 이런 소박한 생각의 부조리를 드러낸다. 생트 오를랑은 프로젝트를 수행하면서 신화 작품과 미술 작품 속 인물인 비너스의 턱, 프시케의 코, 모나리자의 이마, 디아나의 눈, 에우로파의 턱을 자신의 얼굴에 구현했다. 그녀는 이처럼 변형된 자기 몸을 '수정된 기성품'이라고 부름으로써 자유로운 변형 가능성을 지닌 테크노바디techno-body를 강조했다.

'재생' 프로젝트를 수행한 후 성형술이 더는 불가능하게 되자 생트 오를랑은 '디지털 성형술'을 시도한다. '자기 교배self-hybridization' 는 1994년 이래로 촬영한 사진과 영상을 디지털 기술을 이용하여 재형상화한 것이다. 이전의 '재생' 프로젝트가 자신의 몸을 주제로 한다면 '자기 교배' 프로젝트는 새로운 문명과 미래에서 몸의 위상을 주제로 삼고 있다. 생트 오를랑은 이 두 프로젝트를 통해 몸과 미에 관한 전통적 이해와 관습에 도전장을 던졌다. 몸은 남에게 보여 주기 위한 것인가? 미란 대중이 멋있다고 인정하는 것인가? 몸과 미에 대한 일상적 생각은 본질에서 남성 위주 사회가 여성에게 가하는 폭력에 지나지 않는데도 현실적으로 많은 여성이 그것을 생각 없이 수용하고 있다는 것이다. 생트 오를랑이 자기 몸을 캔버스로 삼아 성형술 퍼포먼스를 하는 것은 바로 이런 현실을 비판하고 고발하기 위한 것이었다.

생트 오를랑은 최근 중국의 경극 가면을 소재로 한 테크노바디 작품을 내놓고 있다. 테크노바디 이론가들은 몸을 기술적으로 변형하여 미에 대한 새로운 개념을 제시하고자 한다. 포스트휴머니즘은 인간과 기계, 실재와 가상, 마음과 몸의 경계를 넘어서려는 담론이다. 생트 오를랑이 개척하고 있는 독보적인 미술 영역은 포스트휴먼 미술의 좋은 예다. 한편 생트 오를랑은 문화적 사이보그 운동가이기도 하다. 인간은 "한국 사람은 이래야 해", "여성은 이래야 해", "학생은 이래야 해"와 같은 수많은 문화적 굴레를 만들어왔다. 문화적 사이보그는 이런 문화적 굴레를 과감히 벗어던지고

생트 오를랑의
〈베이징 오페라 가면 #10〉

새롭게 출발한다. 단순히 몸을 변형하여 사이보그가 될 수 있지만 이보다 더 중요한 것은 새로운 문화를 개척하고 창조하는 문화적 사이보그다. 남성 중심 문화 넘어서기뿐만 아니라 인간중심주의에 기반을 둔 휴머니즘 넘어서기가 포스트휴머니즘의 본질인 만큼, 생트 오를랑이 추구하는 테크노바디는 사이보그의 새로운 유형을 나타낸다.

인간은 왜
사이보그를 꿈꾸는가?
왜 인간은 사이보그가 되려고 하는 걸까? 이 질문에 대한 첫 번째 대답은 치료 차원에서 나온다. 인간은 장애나 질병을 치료하기 위해 사이보그가 된다. 두 번째 대답은 생존 차원에서 나온다. 생존은 치료보다 더 근원적인 동기를 제공한다. 미항공우주국NASA에 근무하는 클라인스와 클라인Manfred E. Clynes and Nathan S. Kline은 인간이 우주여행을 하기 위해서는 현재의 몸으로는 불가능하다고 보고 인간의 몸을 우주의 환경에 맞추어야 한다고 주장했다. 이처럼 과학자들이 사이보그란 개념을 심각하게 고려하게 된 것은 우주여행의 가능성 때문이었다. 인간이 우주를 여행하기 위해서는 스스로 사이보그가 되어야 한다. 무엇 때문에 인간이 우주여행을 해야 하는가? 여기에는 여러 가지 이유가 있다. 그중 으뜸가는 것은 새로운 생활공간의 필요성이다. 머지않아 인간은 지구 생태계의 오염과 파괴로 인해 생존이 더는 불가능한 지구를 떠나 새로운 삶의 터전을 탐사해야 할지도 모른다. 이런 상황에서 호모 사이보그는 인간 몸으로는 생존하기 어려운 지구와 지구가 아닌 새로운 행성에서의 삶을 위해 기술적으로 가능한 해결책이다.

호모 사이보그의 불가피성을 보여 주는 또 다른 이유는 기술적 특이점technological singularity이다. 기술적 특이점은 인공지능이 인간지능을 완전히 능가하는 시점을 말한다. 인공지능이 인간지능을 능가한 사례는 지금도 볼 수 있다. 알파고나 스마트폰과 같은 똑똑한 기계들이 계산이나 탐색 능력에서 인간을 훨씬 앞서고 있지만 모든 점에서 인간을 능가하지는 못한다. 그러나 특이점 이후의 인공지능은 문자 그대로 모든 차원에서 인간지능을 능가한다. 현재의 인공지능 로봇은 인간이 쉽게 잘하는 것을 잘하지 못한다. 예를 들어, 손과 발을 움직이고, 허리를 굽히고, 걷고 뛰고, 눕고 일어나는 행동을 잘하지 못한다. 기계는 똑똑하지만 '몸치'일 수밖에 없는가? 그렇지 않다. 로봇의 굼뜸은 인간이 그동안 계산이나 인지에만 초점을 두고 연구를 해 온 결과다. 앞으로 로봇이 인간처럼 움직이도록 집중적으로 연구한다면 머지않아 인간처럼 움직이는 로봇이 등장할 것이다.

특이점 시대에 인간의 위상은 어떻게 될까? 인간보다 높은 지능에 신체적 능력도 뛰어나고 인간이 생존하기 어려운 환경에서도 생존할 수 있는 기계가 나타나면, 인간은 어떻게 될까? 예를 들어 지능지수IQ가 3만 4,947인 초인공지능이 나타난다면? 그런 초인공지능은 미국회도서관에 소장된 1,500만 권의 책을 5초 안에 읽고 분석할 수 있다. 인간이 그런 존재와 같이 생활해야 한다면 인간은 경쟁상대가 안 될 것이다. 그런 때에 인간이 로봇에게 바랄 수 있는 것은 그저 배려, 사랑, 자선일 것이다.

이런 상황에서 인간의 생존 방식은 세 가지로 예상된다. 첫 번째 방식은 인간이 초인공지능과 동등한 수준으로 진화하는 것이다. 그러나 인간 진화의 역사를 고려해 볼 때, 자연적인 방식으로 인간이 초인공지능과 동등한 수준으로 진화하는 것은 불가능해 보인다. 두 번째 방식은 특이점이나 초인공지능이 등장하는 상황을 미리 차단하는 것이다. 옥스퍼드 대학의 닉 보스트롬Nick Bostrom이라는 철학자는 초인공지능에 이르는 분야의 연구를 통제해야 한다고 주장한다. 지금 그런 연구를 통제하지 않으면 조만간 초인공지능이 등장할 것이며 그 이후에 인간은 초인공지능을 더는 통제할 수 없게 된다. 통제할 수 있을 때 통제하자는 것이다. 보스트롬의 주장은 인공지능 연구가 국력을 부양하는 중요한 기술이라는 점을 고려할 때 현실적으로 수용되기 어렵다. 보스트롬이 옳다면, 언젠가는 초인공지능이 등장할 것이고 인간은 심각한 실존적 위기에 처하게 되며, 현 인류는 초인공지능을 비롯한 새로운 종과의 생존 경쟁에서 도태될 것이다.

45억 년의 지구 역사에서 현 인류가 출현한 것은 약 30만 년 전이다. 지구의 역사에서 수많은 종이 멸종했다는 점을 고려하면, 초인공지능의 등장이 현 인류의 멸종 가능성을 높이는 요소임은 분명하다. 초인공지능의 출현을 전제로 할 때 인간이 생존할 방안은 무엇인가? 레이먼드 커즈와일Raymond Kurzweil을 비롯한 미래학자들과 트랜스 휴머니스트들trans humanists은 인간·기계 공진화co-evolution of human and machine를 주장한다. 어떻게 그런 공진화가 가능한가? 인간과 기계가 공진화하는 방안 중 하나는 호모 사이보그이다. 철학자 앤디 클락Andy Clark은 확장된 마음 이론extended mind theory을 바탕으로 인간은 '본성적으로 타고난 사이보그natural-born cyborg'라고 주장한다. 살과 전기회로의 결합이라는 피상적 의미가 아니라 인간의 마음과 자아가 생물학적 뇌와 비생물학적 회로에 걸쳐 퍼져 있는 인간·기술 공생체human-technology symbiont로 보아야 한다는 것이다. 인간이 기계와의 공생 관계를 통해 어떤 진화적 이득을 얻게 될까? 클락에 따르면, 기계는 우리의 인지 능력을 확장하고 향상해 주는 인지적 비계cognitive scaffolding로 작용한다. 예를 들어, 인간 뇌는 구성적 학습constructive learning으로부터 인지적 이득을 얻는다. 여기서 구성적 학습이란 학습이 진행되는 동안 계산 및 표상 자원이 변화하면서 확장되는 것을 의미한다. 이 점은 인공신경망에서 구체적으로 나타나는데, 학습이 진행됨에 따라 단기기억STM이 증가하는 체계는 고정된 구성을 갖는 체계와는 달리 어려운 문제를 해결할 수 있다. 그러나 인간과 기계의 공진화가 진행되면, 인간이 사라지는 것은 아닐까? 그런 걱정은 필요 없다. MIT 공학자 로드니 브룩스Rodney Brooks가 멋있게 표현했듯이, 인간이 기계와 결합하는 순간, 순수한 로봇이 정복할 '순수한 인간'은 남아 있지 않을 것이기 때문이다. 지금까지 인간은 기계에 의존해 왔지만 21세기부터 인간은 사이보그가 되기 시작했다.

허물어진 경계,
인간-기계
인간이 사이보그가 되면 인간과 기계의 경계는 사라지는 것일까? 철학자 데카르트는 세계는 '사고하는' 정신과 '공간에 펼쳐 있는' 물질로 구성되어 있다고 주장했다. 인간은 사고할 수 있는 정신을 갖고 있다는 점에서 그런 능력이 없는 동식물이나 무생명과 구별된다. "나는 생각한다. 그러므로 나는 존재한다"라는 선언은 "생각할 수 있다는 점에서 나는 존재한다"라는 주장을 함축한다. 데카르트는 인간만이 정신을 갖고 있다고 보았다. 우리는 여기서 사고 능력의 정확한 의미를 따져 묻는 대신에 앨런 튜링Alan Turing이 1950년에 제안한 튜링 검사Turing test를 통과할 수 있는 존재는 그것이 무엇이든 간에 사고 능력을 갖는다고 보기로 한다. 튜링 검사의 요지는 다음과 같다. 즉, 만약 기계가 정상적인 지능을 가진 관찰자에게, 마치 그것이 인간처럼 보인다면, 우리는 그것을 지능적이라고 간주해야 한다. 많은 연구자들이 튜링 검사를 통과할 수 있는 프로그램 개발에 나섰는데, 2014년에 드디어 그런 프로그램(유진 구스트만 프로그램)이 등장했다. 튜링 검사 통과 여부는 여전히 논쟁거리이지만, 분명한 것은 검사 기준이 무엇이든 간에 다양한 기계들이 실제로 인간지능에 버금가거나 그것을 능가하는 사고 능력을 보인다는 점이다.

이처럼 인공지능이 사고 능력이 있다는 점을 부인하기 어렵게 되었기 때문에, 사고 능력만을 가지고 인간과 기계를 구분하는 데 카르트주의는 근거를 상실했다. 또 인간이 아닌 다른 동물, 예를 들어 유인원들이 인간과 유사한 사고 능력을 갖추고 있다는 점이 과학적으로 밝혀진 것은 이미 오래되었다. 이제 인간과 기계 간 경계뿐만 아니라 인간과 동물 간 경계도 서서히 무너지고 있다. 이런 경계 허물기 작업에서 역사적 계기를 마련한 인물 중에 도나 해러웨이Donna Haraway가 있다. 해러웨이는 「사이보그 선언」(1985)이라는 당시로서는 충격적인 주장을 발표했는데, 그 내용인즉 인간은 기계와 합체된 혼종chimera으로서의 사이보그라는 점이다. 사이보그는 기술적으로 가능할 뿐만 아니라 실제로 존재한다는 의미에서 사회적 실재이다. 자기 혼자서 "나는 사이보그다"라고 주장한다는 의미가 아니라 주위로부터 "쟤는 사이보그야"라고 인정받기 때문에 사회적 실재이다. 다른 한편으로 사이보그는 여전히 인간이 추구하는 목표로서 존재하는 허구적 산물이기도 하다.

실재성과 허구성이라는 상반된 차원을 동시에 가진 사이보그의 출현으로 당연시되어 온 전통의 경계들이 무너지게 된다. 첫째는 유기체와 기계 간 경계가 무너졌는데, 사이보그가 그 대표적인 예다. 두 번째는 물리적인 존재와 비물리적 존재의 경계가 무너졌다. 비물리적인 존재란 관념의 세계, 사이버 세계, 가상공간과 같은 비물리적 공간에 사는 존재다. 영화 〈그녀Her〉(2013)에는 컴퓨터 운영체계인 '사만다'와 그녀를 사랑하는 인간 '테오도르'가 등장한다. 사만다는 처음에는 테오도르만을 사랑하지만 업그레이드되면서 8,316명과 대화하고 641명과 사랑하게 된다. 물리적 존재인 테오도르와 비물리적 존재인 사만다의 사랑은 기존의 사랑의 범주에 포함될 수 없는 새로운 유형의 사랑이다. 여기서 사만다는 비물리적 공간에 살고 있는 둘째 유형의 사이보그다. 사만다는 오로지 비물리적 세계에서만 살 수 있는 사이보그이지만, 영화 〈론머맨〉에서 볼 수 있듯이, 인간이 물리적 세계를 떠나 비물리적 세계로 들어가 살게 되는 것도 가능할 것이다. 이처럼 인간-기계의 경계뿐만 아니라 인간-사이버 존재 간 경계도 무너지고 있는 시점에서 호모 사이보그는 그런 경계 허물기에서 핵심적인 역할을 수행한다.

『우리는 어떻게 포스트휴먼이 되었는가』(1999)의 저자인 캐서린 헤일스Katherine Hayles 역시 포스트휴머니즘을 통해 인간-기계의 경계 허물기를 주장한다. 헤일스의 주장은 두 가지 점에서 우리의 관심을 끈다. 첫째, 비물리적 영혼은 존재하지 않으며 의식은 물질

에 따라다니는 현상이다. 그렇다면 사이보그에게 '고스트'가 있다고
하더라도 그것은 전뇌와 의체에 의존하며, 그것들을 벗어나면 고스
트는 존재할 수 없다. 앞에서 논의된 두 가지 유형의 사이보그는 헤
일스가 제시한 조건을 충족한다. 특히, 둘째 유형의 사이보그는 사
이버 세계에 살기는 하지만, 마치 인간이 생존하기 위해 지구라는
물리적 세계가 있어야 하듯이, 사이버 세계를 구현하는 다양한 전
자장치, 동력장치, 기계장치와 같은 물질에 의존한다. 둘째, 인간은
지적 기계와 매끄럽게 연결될 수 있는 존재다. 어떻게 연결될 수 있
는가? 인간의 몸을 의체로 대체하면 된다. 헤일스에 따르면, 인간
의 생물학적 몸은 보철물에 불과하며 언제든 다른 것으로 대체될
수 있다. 여기서 우리는 다시 호모 사이보그가 인간-기계의 경계와
물리적 존재·비물리적 존재의 경계를 넘어서는 중요한 방안이라는
점을 보게 된다.

호모 데우스의

불안 〈공각기동대〉의 주인공 쿠사나기 소령은 이런 질문을 한
다. "어쩌면 나는 훨씬 전에 죽었고 지금은 전뇌와 의체로 구성된
모의 인격은 아닐까, 아니면 처음부터 존재하지 않는 것은 아닐
까?", "만일 전뇌가 스스로 고스트를 만들어 내고 그것이 있다고 믿
게 하면? 그때는 무슨 근거로 나의 존재를 믿어야 할까?" 이런 질문
은 철학의 난문이다. 데카르트의 '악령evil demon', 영화 〈매트릭스〉
(1999), '통 속의 뇌brain in a vat' 사고실험 , 장자長子의 '나비의 꿈胡蝶之

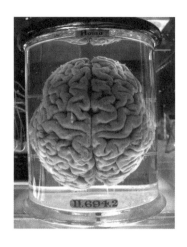

'통속의 뇌' 사고실험

夢'은 모두 같은 질문을 던지고 있다. 만약 당신이 감기에 걸려 병원에 갔더니 '나쁜 의사'가 당신을 마취하고 뇌를 꺼내 병에 넣고 컴퓨터에 연결했다고 하자. 당신이 의식을 차려 보니 집에 와서 공부하고 있다. 그러나 실제로 그 경험은 컴퓨터가 당신의 고스트에 보낸 신호에 불과하다. 우리가 그런 상태에 있지 않다는 것을 어떻게 알 수 있는가? 데카르트는 신이 우리가 그런 상태에 처하는 것을 보고만 있지 않을 것이라고 주장했다. 〈매트릭스〉에서는 허상을 가려낼 수 있는 빨간약이 있다. 그런 약이 없는 우리는 어떻게 내 존재의 실재성을 확신할 수 있는가?

이 장의 서두에서 제기한 질문, 즉 '인간이 사이보그가 되면 얻는 것은 무엇이고 잃은 것은 무엇인가'라는 질문을 떠올려 보자. 인간이 사이보그가 되면 인간성을 잃게 된다는 우려가 있다. 인간이 점차로 기계로 대체되면서 '향상된 인간'이 되겠지만 어느 정도를 넘으면 더는 '인간'이 아니게 된다는 것이다. 이는 곧 '테세우스의 배'와 같다. '테세우스의 배'라고 불리는 배가 있었는데 오랜 시간이 지나면서 수리하지 않으면 안 될 정도가 되었다. 그 배의 널빤지를 하나씩 교체하다가 나중에는 널빤지를 모두 교체했다면 그 배는 '원래의 배'인가 아니면 '새로운 배'인가? 사이보그도 처음에는 신체의 한 부분으로 시작하다가 나중에는 신체 모두를 의체로 대체할 것이다. 그리고 전뇌도 오래되면 동일한 기능을 하는 '인공 뇌'로 교환할 수 있다. 이런 일련의 대체 및 교환 과정에서, 인간은 어느 정도까지는 '인간'이겠지만 그것을 넘어서면 '인간'이 아닌 존재가 될 것이다. 그렇게 되면 인간은 '새로운 배'가 되고 인간성이 상실된다는 것이다. 그러나 앞에서도 말했듯이 이런 우려는 할 필요가 없다. 몸을 새로운 '몸'으로 하나씩 대체하다 보면 더는 순수한 인간은 없을 것이기 때문이다. 이런 점에서 우리는 호모 사이보그를 인간 향상과 생존을 위한 진화의 한 과정으로 보아야 한다.

사이보그의 삶은 어떻게 될까? 이 질문에 대해 많은 사람이 상상력을 동원하여 유토피아적 세계와 디스토피아적 세계를 제시했다. 디스토피아적 세계는 다윈 진화론자로 유명했던 토머스 헉슬리Thomas Huxley의 손자인 올더스 헉슬리Aldous Huxley가 쓴『멋진 신세계』(1932)라는 작품에 잘 나타난다. 그 책은 최초로 컨베이어 시스템을 도입하고 노동의 자동화와 분업화를 구현하여 '자동차 왕'으로 불리는 헨리 포드Henry Ford가 태어난 해인 1863년을 인류의 새로운 기원으로 삼은 미래 세계를 다루고 있다. 작품 배경은 포드 기원 AF

632년(서기 2496년)의 영국이다. 소설 속 세계는 이처럼 모든 것이 자동화되고 통제된 사회이다. 포드주의는 멋진 신세계의 종교이고 포드는 교주이다. 시민들은 "마이 포드"라고 기도하고, T형 포드의 상징인 "T"가 종교의 상징물이 된다. 그 사회에서 모든 사람은 인공수정을 통해 '알파', '베타', '감마', '델타', '입실론' 신분으로 태어난다. 위로부터 세 계급은 최고층, 중간층, 서민층이다. '델타'와 '입실론'은 유전자 조작으로 장애인이나 불량자로 태어나 사회를 위한 소모품이나 필요악으로 존재한다. 또, 사랑은 성애일 뿐이어서 누군가 진지한 사랑을 추구하면 비난을 받고 처벌당한다. 멋진 신세계에서는 가족제도가 없다. 시민들은 '촉감영화'라고 불리는 포르노 영화를 보고 '소마'라는 약물을 복용하여 온갖 쾌락을 느낄 수 있다. 이처럼 헉슬리가 그린 '멋진' 신세계는 '끔찍한' 신세계다. 그러나 사이보그 사회가 이런 끔찍한 사회가 될 것이라는 디스토피아적 예측은 과학적 근거가 없고 문학적 상상력에 근거하고 있다는 점에서 사이보그 사회에 대한 보다 과학적인 분석이 필요하다.

역사학자 유발 하라리Yuval Harari는 『호모 데우스』(2015)에서 새로운 천년의 과제를 불멸, 행복, 신성으로 보고 '신이 되고자 하는 인간'을 분석한다. 인간의 오랜 목표인 행복과 불멸을 달성하게 되면 인간은 신성을 얻으려고 한다는 것이다. 이제 기성 종교는 힘을 잃고 새로운 종교인 '데이터이즘Dataism'이 성행하게 된다. 데이터가 모든 것의 가치 척도가 되고 목표가 된다. 하라리는 죽음을 극복하고, 최고의 행복을 느끼고, 신성을 가진 존재를 '슈퍼휴먼'이라고 부른다. 초인공지능이나 사이보그가 하라리가 주장하는 슈퍼휴먼과 정확히 같은 존재인지는 확실치 않다. 그러나 분명한 것은 하라리가 주장한 '슈퍼휴먼'의 시대가 데이터와 정보시스템의 지배를 받는다는 점에서 반드시 디스토피아는 아닐지라도 적어도 유토피아는 아니라는 점이다. 여기에 딜레마가 있다. 호모 사이보그나 슈퍼휴먼은 인간의 오랜 염원을 달성한 듯이 보이지만 실제로는 그렇지 못하다. 사이보그 사회가 바람직한 사회가 되기 위해서는 지금까지의 논의에서 빠진 '고스트적 요소'를 고려할 필요가 있다.

사이보그는
초인인가?

앞에서 우리는 디스토피아적 미래 사회를 살펴보았다. 헉슬리는 사이보그 사회에서 모든 것이 기술로 통제되고 인간적인 것이 사라진 암울한 세계를 그렸다. 하라리는 거기에는 미치지 않지만, 불멸, 행복, 신성을 추구하는 슈퍼휴먼이 행복하지 않고 데이터와 시스템의 지배를 받을 것이라고 경고한다. 과학·기술이 지속해서 발전할 것이라는 점은 분명하다. 그렇다면 우리의 문제는 과학·기술이 헉슬리의 예측처럼 인류를 디스토피아로 이끌 것인지에 달려 있다. 인류에게 다른 대안은 없는가?

여기서 다시 사이보그란 어떤 존재인지를 생각해 보자. 이 질문은 사이보그의 신체적·인지적 능력에 관한 것이 아니라 가치적·도덕적 지향점에 관한 것이다. 사이보그는 선의지善意志를 가진 슈퍼휴먼인가, 아니면 악당 슈퍼휴먼인가? 종종 사이보그를 철학자

프리드리히 니체Friedrich Nietzsche가 주장한 '초인Übermensch'과 동일시하는 견해가 있는데 이는 잘못이다. 사이보그가 착한 슈퍼휴먼이라고 하더라도 그것만으로 니체의 초인이 되는 것은 아니며 다른 조건이 충족되어야만 한다. 그렇다면 그 다른 조건이란 무엇일까? 니체에 따르면, 초인은 노예 반란으로 전도된 가치 체계를 바로잡고 새로운 가치 체계를 창조하는 자이다. 니체의 초인 사상을 이용하여 그 질문에 답해 보자. 사이보그가 초인이 되기 위한 조건은 사이보그 시대에 나타난 가치 체계의 혼란을 바로잡고 새로운 가치 체계를 창조할 능력이다. 니체의 초인은 뒤바뀐 가치 체계를 바로잡을 수 있는 구원자로서 요청된다.

사이보그 시대의 초인은 현재 무너지고 있는 휴머니즘적 가치 체계, 즉 인간-동물, 생명-무생명, 물리적인 것-비물리적인 것을 구분하는 가치 체계를 복원하는 존재인가? 절대 그렇지 않다. 여기서 지난 천년의 초인과 새로운 천년의 초인에게 요청되는 임무에 차이가 나타난다. 지난 천년의 초인은 인간의 삶의 의지를 부정하고 초월적 신을 추종하는 가치 체계를 망치로 부수는 혁명가이다. 그는 자신의 혁명을 완수하기 위해 "신은 죽었다"라고 선포하고, 그 자리에 '살아 있는 인간'을 놓았다. 그러나 새로운 천년의 초인이 마주하는 인간은 신에 짓눌린 인간이 아니라, '신이 되고자 하는 사이보그', 즉 우쭐한 호모 데우스다. 그러므로 새로운 천년에서 초인의 임무는 '신으로부터 인간의 해방'이 아니라 '인간으로부터 신의 해방'이다. 그의 역할은 인간의 능력을 증강하고 향상하여 최종 종착점으로서의 '신'에 도달하려는 인간의 욕망을 잠재우고 진정한 방향으로 인간을 인도하는 데 있다.

니체는 『차라투스트라는 이렇게 말했다』에서 인간을 짐승도 아니고 초인도 아닌 '중간자'로 보았다.

"인간은 짐승과 초인 사이에 놓인 밧줄이다. 심연 위에 걸쳐진 밧줄이다. …… 인간의 위대함은 그가 다리일 뿐 목적이 아니라는 데 있다. 인간이 자랑스러울 수 있는 것은 그가 건너가는 존재이며 몰락하는 존재라는 데 있다. 나는 사랑한다. 몰락하는 자로서 살 뿐 그 밖의 삶은 모르는 자를. 왜냐하면 그는 건너가는 자이기 때문이다."

인간은 초인을 지향하지만 초인이 될 수는 없다. 인간은 어떻게 초인을 지향할 수 있는가? 니체에 따르면, 그것은 정신의 발달을 통해서 가능하다. 인간 정신은 세 단계로 발달한다. 첫째는 낙타의 단계다. 낙타는 전통과 인습이 부여한 무거운 짐을 지고 꿋꿋하게 황량한 사막을 걷는다. 낙타는 인내심과 복종심이 필요하지만, 그의 정신에는 차츰 자신의 짐에 대한 원한이 쌓여 간다. 낙타는 원한(르상티망)을 품고 산다. 둘째는 사자의 단계이다. 사자는 투쟁을 통해 기존의 관습과 전통으로부터 자신의 자유를 획득하여 자유의지를 가진 주체가 된다. 그러나 사자는 새로운 삶을 창조하는 존재에는 이르지 못한다. 셋째는 아이의 단계이다. 아이는 놀이 정신으로 무장하고 새로운 가치를 창조한다. 아이는 순진무구, 긍정, 새로운 시작의 상징이다.

초인의 본성은 새로운 가치를 창조하는 데 있으며, 새로운 가치를 창조하는 데 필요한 것은 아이의 정신이 보여 주는 삶에 대한 성스러운 긍정이다. 여기서 '성스러움'이 의미하는 것은 삶을 무조건 긍정하거나 부정하는 태도가 아니라 그 둘을 변증법적으로 초월하는 태도이다. 성스러운 긍정은 인간 삶의 온갖 한계, 역경, 고난, 문제, 고통, 모순, 부조리를 초월할 수 있는 지극한 용기와 지고한 순진함을 바탕으로 한다. 호모 사이보그가 초인이 되기 위한 조건은 바로 삶에 대한 긍정적 태도를 통한 새로운 가치를 창조하는 능력이다. 이상에서 보았듯이 인간 정신이 아이의 단계에 이르면 인간은 거의 초인이 될 수 있다. 여기에 인간이 사이보그를 지향하는 이유가 있다. 인간은 사이보그가 됨으로써 비로소 초인을 지향할 수 있기 때문이다.

3장

인공자궁

재생산 기술로
태어나는
인간

김애령

●
○

　포스트휴먼은 다가올 미래가 아니라 이미 다가와 있는 현실이
다. 등장했으나 주의를 끌지 않았고, 있었으나 보이지 않았던 이 시
대의 동료 존재자들을, 그리고 이 시대 변화의 징후들을 우리는 이
제 더는 모른 척할 수 없게 되었을 뿐이다.

　우리는 이미 일과 직업, 신체와 감각의 변화를 겪고 있고, 급격
한 의료기술의 발달과 더불어 탄생과 죽음의 의미 또한 변모하고
있다. 자, 그렇다면, '인공자궁'이라는 미래적 상상은 어떠한가? 기
계를 통한 아기 제작은? 올더스 헉슬리Aldous Huxley의 『멋진 신세계』
(1932)가 보여 주었고 그 이후 많은 SF 소설과 영화가 거듭 묘사해
온 인공적 아기 '제작'은 여전히 유토피아적이거나 디스토피아적인
상상력에 불과해 보인다. 아기 제작이라는 말을 유전자 디자인 같

은 의미로 받아들인다면 그것은 우리의 현실과는 동떨어진 미래의 일로 여겨질지 모르지만, 오늘날 어느 부모도 무책임하게 '자연적으로' 아기를 낳으려 하진 않는다는 것을 떠올려 보자. 모든 부모가 다양한 재생산 의학기술의 도움으로 태아의 발달 상태를 점검하고 안전한 출산을 위한 기술적 보조를 기꺼이 받아들인다. 기술의 매개 없는 출산이 사라진 이 시대, 인공자궁도 어떤 의미에서는 이미 다가와 있는 현실이다.

인공자궁을 만들 기술은 이미 있고, 어쩌면 이제 남은 것은 실용화 또는 상용화를 결정하는 일뿐이라고 섣부르게 예측하는 것은 아니다. 어떤 미래도 한순간에 완성된 모습으로 완전히 새로운 형태로 뚝 떨어지지 않는다는 것, 그것은 서서히 퍼지고 차분히 다가오며 이미 있는 현실을 다가올 미래로 서서히 변모시키는 과정적인 것이라는 사실을 말하는 것이다. 찬찬히 주위를 둘러보자. 우리가 살고 있는 이 시대, 가까운 곳에서 '인공자궁'은 그 모습을 드러내기 시작했다. 흔적은 이미 나타났고, 어떤 일은 이미 벌어지고 있다. 아래의 세 장면을 보라.

첫 번째 장면:

인공자궁의 발견　　인공자궁은 1894년 2월 24일 밤, 뉴욕의 이스트 26번가의 어느 작은 상점에서 처음 '발견'되었다.

"그날 밤, 한 의사가 이 상점의 주인이자 은둔 과학자였던 윌리엄

로빈슨의 잠을 깨웠다. 의사는 광고업계의 백만장자 E. 클래런스 헤이트의 개인 주치의였다. 헤이트의 아내는 출산 중에 숨졌고, 딸은 0.9킬로그램도 안 되는 체중으로 태어났다. 주치의는 아기를 구하려는 절박함 심정으로 로빈슨을 찾아가 아기의 몸을 따뜻하게 유지해 줄 무언가를 달라고 간청했다. 로빈슨은 서둘러 상점 뒤쪽으로 가더니 자신이 '인공자궁'이라고 부르는 물건을 들고 나왔다."

그것은 미닫이 뚜껑이 달린, 보온 기능을 갖춘 검은 상자였다. 이 물건은 얼마 뒤인 1896년에 베를린 산업박람회에 선보이게 될 조야한 초기 형태의 인큐베이터였다. 같은 해 3월 16일 자《데일리 뉴스》는 이 아기가 '인공자궁'에서 3주를 건강히 보냈다고 기쁘게

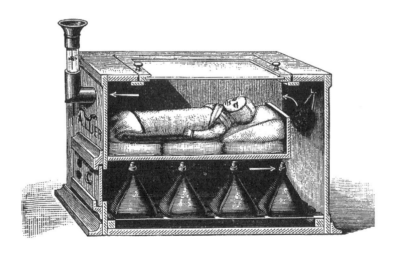

'인공자궁'이라고 불린 초기 인큐베이터

전했다. 이 기사는, 그 안에서 3주가량만 더 생존할 수 있다면, 아기가 무사히 세상에 나올 것이라고 보도했다.

두 번째 장면:

단성생식 또는 동정녀 출산　　두 번째 장면은, 1970년 슐라미스 파이어스톤Shulamith Firestone이라는 20대 여성이 발표한 『성의 변증법The Dialectiv of Sex』이라는 책에 있다. 그녀는 다음과 같이 썼다.

> "인공수정과 인공배란은 이미 현실이 되었다. 태아의 성의 선택, 시험관 수정이 목전에 있다. 여러 팀의 과학자들이 인공태반의 발달을 위해 연구하고 있다. 단성생식―동정녀 출산 virgin birth―까지도 곧 개발될 수 있는 것이다."

파이어스톤은 70년대 미국 페미니즘 제2의 물결에 속하는 급진주의 페미니스트다. 그녀는 인공생식 기술이 발달해 단성생식이 가능해지고, 인공자궁 같은 것이 만들어져 임신과 출산에서 벗어나게 되면, 여성들은 가부장제의 억압으로부터 해방될 것이라고 주장했다.

고대 로마의 친족법에 따르면 아버지는 몰라도 "어머니는 항상 확실하다mater semper certa est." 산모는 확실하지만, 아기의 아버지가 언제나 확실한 것은 아니다. 부와 가계를 물려줘야 할 아이가 자기의 후손임을 확증 받고 싶은 가부장은 자신의 재생산을 보호하고자 여성을 성적으로 통제하고, 임신과 출산, 양육을 매개로 여성을 가정에, 특정한 역할에 묶어 두고자 했다. 가부장제 질서 안에서 임신과 출산은 여성의 몸을 통제하고 억압하는 결정적인 고리였다. 이것으로부터 자유로워진다면 여성은 성적으로도, 가부장제의 억압으로부터도 해방될 수 있을 것이라고 파이어스톤은 생각한다. 흥미롭게도 그녀는 생식을 통한 인구 조절뿐 아니라, 노동의 종말에 대해서도 상상했다. 같은 책에서 '사이버네이션cybernation(컴퓨터에 의한 자동제어)'이 미래 생산과 노동을 급진적으로 변화시킬 것이라고 예언했다. 그러면 아무도 일하지 않는 시대가 올 것이다. 그에 따라 성공의 의미도 달라질 것이고, 직업상의 차별도, 성별 분업도 사라질 것이다. 그것이 여성의 지위에 영향을 미치게 될 것이라고 그녀는 예측한다.

우리는 그녀가 예측했던 대로 '4차 산업혁명'의 시대, 직업의 종말이 운위되는 시대에 도착했다. 사실 파이어스톤이 인공생식 기술을 통한 임신과 출산에서 해방을 꿈꿀 수 있었던 이유는, 그 당시 막 출현하기 시작한 생식 기술이 있었기 때문이다. 그녀의 예측이 있고 채 10년도 되지 않은 1978년, 시험관 시술을 통해 아기가 태어났다. 세계 최초의 시험관 아기 루이스 브라운Louis Brown은 2018년에 40세를 맞았다. 정자와 난자를 시험관에서 수정시켜 배아를 만드는 일은, 1978년 당시는 물론 여전히 낯선 일이다. 그럼에도 지난 40년 동안 꾸준히 시험관 시술을 통해 많은 사람들이 태어났고, 성장했고, 사회에서 활동하며 우리 곁에 시민으로 살고 있다. 물론 루이스 브라운은 난자의 주인인 생물학적 어머니의 몸에서 태어

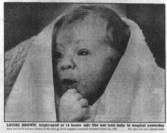

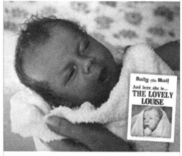

최초의 시험관 아기를 보도한 신문 기사(좌)와
그 주인공 루이스 브라운의 책(우)

났다. 그러나 지금 시험관 시술을 통해 만들어진 배아들은 생물학적 난자 공여자의 몸에만 이식되지는 않는다. 로마 친족법이 말한 대로, 언제나 어머니는 확실한가? 그렇지 않다. 수정된 배아는 어느 자궁에나 착상될 수 있다.

세 번째 장면:
구글 베이비와 '아기 공장'   2009년 개봉한 지피 브랜드 프랭크 Zippi Brand Frank 감독의 다큐멘터리 영화 〈구글 베이비Google Baby〉는 세 대륙을 넘나들며 한 아기가 제작되는 과정을 담고 있다. 이스라

엘의 한 게이 남성이 미국의 난자 제공자에게서 구입한 난자를 자신의 정자와 체외 수정하고, 그 냉동 배아를 들고 인도의 대리모 클리닉을 찾아간다. 그가 찾아간 시설에는 그 지역의 여성들이 대리모로, 또는 대리모가 되기를 기다리며 머물고 있다. 영화 속 의뢰인은 이곳에서 대리모 출산에 성공하여 딸을 얻었다. 이 영화 이후로 '구글 베이비'는 글로벌 상업적 대리모 시장을 대표하는 단어가 되었다.

'구글 베이비'는 그저 과장된 상징적 단어가 아니다. 지금은 나이, 섹슈얼리티, 생물학적 성에 상관없이, 아기를 갖고자 하는 사람은 누구나 구글 검색을 통해 그 소망을 실현할 수 있다. 먼저 공개적인 사이트들에서 난자를 구입하고, 정자를 선택한다. 어떤 난자 또는 정자를 구할지 인종, 신체조건, 지능, 학력까지 공여자의 정보를 확인하고 고를 수 있다. 이제 적당한 클리닉을 골라 체외 수정에

〈구글 베이비〉 영화 포스터

성공하면, 다시 구글 검색을 통해 글로벌한 시장 안에서 적당한 상업적 대리모를 찾을 수 있다.

2016년까지 상업적 대리모가 합법이던 인도는 재생산 관광산업Reproductive Tourism의 초국가적 허브라는 오명을 안고 있었다. 이 영화에 등장하는 인도 구자라트Gujarat 주의 서쪽 도시 아난드Anand의 아칸크샤 클리닉Akankscha Clinic은 2003년 냐나 파텔Nayna Patel 박사가 설립한 곳이다. 이 클리닉에서는 대리모가 고용되어 아기를 출산한다. 장래의 부모들은 총 약 1만 달러의 비용을 지불하고 아기를 데려간다. 2013년 당시 인도의 대리모 산업은 4억 4,500만 달러 규모의 비즈니스로 추정되었다. 인도의 높은 의료기술 수준, 상대적으로 저렴한 시술 비용, 상업적 대리모를 쉽게 구할 수 있는 환경이 인도를 '초국적 대리 임신 산업이 가장 번성한 나라'로 만들었다. 당시 인도의 불임클리닉은 3,000개로 추산되었고, 등록된 병원만도 1,400개에 이르렀다. 2015년까지만 해도 1년에 약 3만 명의 아기들이 인도의 대리모에게서 태어난다고 보고된 바 있다. 인도는 '아기 공장'이라는 오명에서 벗어나고자 2016년 상업적 대리모 규제 법안을 통과시켰다. 이 법안에 따르면, 결혼 5년에 이른 인도의 불임부부를 제외한 모든 상업적 대리모 계약이 금지된다. 그러나 인도에서 상업적 대리모 규제가 성공하고 있는지는 알 수 없다. 인도의 뒤를 이어 태국, 네팔, 캄보디아, 멕시코, 루마니아 등이 글로벌 상업적 대리모 시장의 새로운 공급처로 떠오르고 있다. 이 가운데 멕시코가 대리모 클리닉이 번성하는 새로운 지역으로 급부상하고 있다고 한다.

상업적 대리모를 어떻게 볼 것인가? 반대 입장은 선명하다. 상업적 대리모는 장기매매나 성매매에 비견된다. 그것은 여성의 몸과 자궁을 도구화하고 대상화하는 일이자, 소외된 노동이라는 것이다. 상업적 대리모 출산을 아동매매로 보는 관점도 있다. 여기서 팔리는 것은 여성의 몸이거나 태어난 아기라는 것이다. 이것은 인간의 존엄을 해치는, 사고팔 수 없는 인간적 가치를 매매하는 도덕적으로 위험한 행위가 아닌가? 반면, 더 조심스러운 접근도 있다. 가난한 성인 여성이 자기의 자율적 결정으로 '9개월의 대리모 노동'을 선택하여 비참한 현실을 개선하고 삶의 가능성을 확장하며, 자녀에게 밝은 미래의 가능성을 열어 줄 수 있다면, 모든 것이 사고팔리는 이 시대에 그 행위를 비난할 수 있는가? 상업적 대리모뿐 아니라, 난자 시장에 진입하는 여성들의 경우도 그 사정은 마찬가지이다.

미국의 유명인 킴 카다시안Kim Kardashian은 셋째에 이어 넷째 아이를 대리모를 통해 출산했다. 미국의 몇 개 주에서는 상업적 대리모가 합법이다. 두 번의 출산 이후 자신의 몸으로 아기를 낳는 일이 어려워졌다는 그녀는, 대리모에게서 태어난 아이들의 사진을 자신의 SNS에 올려 전 세계에 공개했다. 축구선수 호날두Ronaldo의 쌍둥이 딸들이 상업적 대리모의 몸에서 태어났다는 것도 널리 알려져 있다. 우리의 상식적 도덕 감정은 이런 현실에 어떻게 반응하는가? 이 모든 일들, 다른 여성의 자궁을 사거나 대여하여 아이를 낳는 일, 상업적 대리모와 같은 일은 도대체 어떻게 가능해졌는가?

신 재생산 기술에 의해
한없이 투명해진 자궁

이 모든 일이 가능하게 된 배경에는 '신 재생산 기술new reproductive technologies'이 있다. 여기서 '재생산'이란 세대의 재생산을 말한다. 따라서 신 재생산 기술이란 임신과 출산에 개입하는 최첨단의 생명기술을 일컫는다. 신 재생산 기술은 크게 피임, 불임시술, 산전관리기술, 그리고 출산기술의 4개 범주로 나뉘며, 난자와 정자의 생산, 수정, 착상, 태아에 대한 영양 공급, 출산의 전 과정에 대한 의료 기술적 관리를 포함한다. 거의 모든 가임기의 남녀가 신 재생산 기술 안에 있거나, 혹은 있기를 권유받는다. 가임기의 남녀 혹은 가임기가 지난 남녀는 클리닉에 가서 자신의 정자 또는 난자가 충분히 건강한지, 재생산이 가능한지 진단을 받을 수 있다. 지금 당장 임신이나 출산을 할 수 있는 형편이 아니라면, 정자 또는 난자를 냉동할 수 있다. 원하는 적당한 시기에, 냉동된 정자 또는 난자를 해동해서 체외 수정을 하면 배아를 만들 수 있다. 한편, 임신한 어머니는 기술적 관리가 필수적이다. 매 시기마다 검사를 해야 하고, 문제가 있는지 확인해야 한다. 만일 태아에게 문제가 발견되면 낙태할 수도 있다. 신 재생산 기술은 임신 전前 단계부터, 임신 기간 동안, 그리고 건강한 출산에 이르기까지 모든 과정을 관리한다. 정자·난자의 채취와 냉동 보관, 배아의 생산과 냉동 보관, 임신 기간 중의 양수 검사와 초음파 스캔 등은 아주 일반화된 재생산 기술들이다.

신 재생산 기술은 태아라는 새로운 주체를 만들어 냈다. 특히 지금은 초음파기술을 통해 태아 발달의 전全 과정을 들여다볼 수 있다. 초기의 초음파 사진은 전문가의 판독이 필요한 모호한 얼룩이었지만, 지금의 기술은 태아의 얼굴과 표정을 확인하고 사진첩을 만들 수 있을 만큼 선명해졌다. 그러면서 태아는 '태명'을 가진, 독립적인 인격적 주체처럼 다루어진다. 아기를 품은 어머니만이 알고 있던 태동의 체험적 권위는 사라지고, 어머니는 태아라는 독립된 주체를 담아 양육하는 용기容器처럼 취급되기 시작한다. 여기서 역전이 발생한다. 태아는 확인 가능한 생명으로서의 지위를 넘어 임산부의 인격을 약화하거나 삭제할 수 있는 '초주체'가 된다. 태아의 건강과 생명은 어머니의 몸보다 우선시되고, 그것을 위협하는 어머니는 죄악시된다. 인격적 주체로 다루어지는 태아와 대조적으로 모체의 주체성은 주변화된다. 임산부가 마시는 커피 한 잔도 죄책감의 원인이 되는 것이다. 그리고 그렇게 태아의 초주체적 지위가 어머니의 자궁을 '육체의 인큐베이터'로 만든다.

신 재생산 기술을 통해 어머니의 자궁은 투명해졌다. 1965년 《라이프Life》지의 태아 사진 시리즈에는 「출생 이전 생명의 드라마 The Drama of Life Before Birth」라는 의미심장한 제목이 붙었다. 자궁 안 태아의 모습을 투명하게 드러내는 이 사진들은 어떤 효과를 만들어 낼까? 이제 어머니의 자궁은 독립적 주체인 태아를 담은 기관에 불과한 것처럼 취급된다. 임신 기간 동안 어머니의 자궁은 신 재생산 기술의 공적 감시를 받는다. 기술의 발달이 태아의 사망률을 줄이고, 안전한 출산을 보장하고, 산모의 사망률도 줄였다는 것을 강

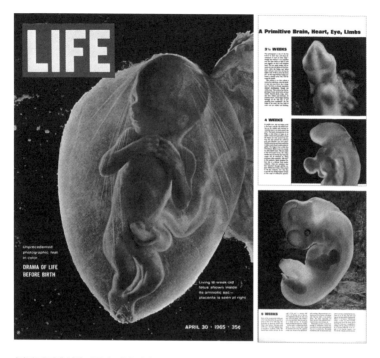

《라이프》지에 실린 자궁 속 태아 사진

조하는 전문가들에 의해 어머니의 자궁은 기술에 오롯이 바쳐진다. 그러나 자궁이 몸이라는 총체성에서 분리된 하나의 '용기'이거나 '도구'는 아니지 않은가? 임신과 출산은 여성의 몸 전체의 체험이고, 자궁은 그 총체적 체험과 연결되어 있다. 그럼에도 자궁을 아기에게 영양을 공급하는 인큐베이터처럼 환원하는 사고방식이 신 재생산 기술 전반에 작동한다. 그리고 이러한 생각은 자연스럽게 대리모 출산과 연결된다.

"누구나 아기를 가질 수 있어야 한다":

재생산의 권리　　불임시술이나 대리모 출산은 사실 모든 사람의 관심사는 아니다. 많은 사람들에게 그것은 평생 아무런 상관도 없는 일로 여겨질 것이다. 과연 그럴까? 기술의 발달은 욕망을 바꾼다. 최근 한국의 많은 불임클리닉들에서는 난자 또는 정자 냉동 서비스를 제공한다. 지금 당장은 아니지만 언젠가 '나의' 아기를 갖고 싶다면, 지금 '건강한' 정자나 난자를 냉동해 두라, 원하는 시기에 아기를 가질 수 있도록, 미래의 가능성을 위해 지금 준비해 두라. 기술은 그런 가능성을 열어 주었다. 우리는 아기를 가질 시기를 결정할 수 있는 기술의 시대에 살고 있다.

　기술이 재생산을 도와줄 수 있게 되고 불임을 치료 가능한 질병처럼 다루게 되면서, 이제 생식보조기술assisted reproductive technologies, ARTs은 모두가 접근할 수 있는 기술이 되었다. 아기를 갖고자 하는 불임부부뿐 아니라, (남성) 동성 파트너들, 가임기가 지난 여성 또는 남성, 정자 또는 난자를 냉동보관 하려는 사람들이 이 기술의 (잠재적) 사용자다.

　2010년 세계보건기구WHO는 공식적으로 재생산권Reproductive Rights을 인정했다. 재생산권이란, "모든 커플과 개인이 자유롭게 그리고 책임감 있게 자녀의 수, 터울, 시기를 결정하고, 그들이 원하는 대로 가족을 가질 수 있도록 정보와 수단을 획득할 기본권"이다. 처음 재생산권이 기본권으로 논의되기 시작한 것은, 종교적이거나 문화적인 이유로 임신이나 낙태를 강요받지 않고, 자유로운 결정

을 바탕으로 건강하게 임신, 낙태, 출산할 권리를 보장하기 위해서
였다. 그러나 점차 재생산권은 생식보조기술의 발달에 힘입어 보다
적극적으로 해석되고 있다. 나이, 섹슈얼리티, 성별 등에 상관없이
누구든 아기를 갖고자 하는 사람에게 그 권리를 보장해 주어야 하
고, 그러기 위해 누구나 평등하게 생식보조기술에 접근할 수 있어
야 한다는 것이다.

이러한 적극적인 해석의 전제 중 하나는, 오늘날 모든 임신과
출산은 기술의 도움을 받는다는 사실이다. 더는 '자연스러운' 임신
과 출산이란 없다. 위험한 임신과 출산의 과정을 의료기술의 도움
없이 진행한다면, 그 부모는 무모하고 무책임한 사람일 뿐이다. 그
렇게 모든 임신과 출산이 의료기술의 도움을 당연한 권리로 누리고
있다면, 그 혜택은 누구에게나 허용되어야 하는 것이 아닌가? 기술
로 해결할 수 있는 결함을 '자연적 불운'으로 치부할 수는 없지 않
은가? 신 재생산 기술이 불임을 치료 가능한 질병처럼 다룬다면, 누
가 되었든 출산을 간절히 원하는 사람에게 그 치료의 가능성이 주
어져야 하는 것 아닌가?

만일 우리가 적극적 재생산권에 동의할 수 있다면, 상업적 대
리모 계약에 대해서도 다르게 생각할 여지가 생긴다. 상업적 대리
모를, 자유로운 자기 결정으로 '9개월의 재생산 노동'에 몸과 자궁
을 제공하는 측과, 재생산권을 주장하며 경제적 보상을 제공하겠다
는 아기를 간절히 원하는 의뢰인 측 사이의 자유롭고 합리적인 계
약으로 볼 수 없는 이유는 무엇인가? 그렇게 볼 수 있다면, 이때는

계약의 공정성만이 문제가 될 뿐 도덕적인 잣대로 그것을 비난할
수는 없다.

재생산 기술이 만들어 내는
욕망의 컨베이어 벨트
나와 유전적 연결이 있는 아기를 갖고
싶다는 생각, 이왕이면 가장 좋은 시기에, 잘 관리된 상태에서, 건강
한 아기를 갖고 싶다는 열망. 이것은 인간이면 누구나 가질 수 있는
자연스러운 욕망인가?

오늘날 아기를 갖고자 하는 커플 또는 개인은 그 희망을 실현
하기 위해 생식보조기술을 활용하기 시작한다. 통계에 의하면, 제
1세계 커플 열 쌍 중 한 쌍은 자연적으로 아기를 갖는 데 어려움을
경험하고 있고, 다양한 형태의 생식보조기술에 의지한다. 초저출산
단계로 접어든 한국에서도 불임치료의 국가적 지원 확대의 필요성
이 논의될 때, 불임인구가 증가하고 있다는 통계청 자료가 인용되
곤 한다. 그런데 아래 표를 보면, 2006년에는 여성 불임인구가, 그
리고 2010년에는 남성 불임인구가 급격히 증가한 것을 확인할 수
있다. 왜 갑자기 그해에 그렇게 불임인구가 늘었을까? 하정옥의 연
구에 따르면, 이 갑작스러운 증가세는 당연한 것이다. 2006년에는
정부의 '난임부부 시술비 지원 사업'이 시작되었고, 2010년에는 기
존의 체외 수정IVF 시술에 더해 자궁 내 인공수정IUI까지 지원이 확
대되었기 때문이라는 것이다. 여기서 불임인구의 증가는 물리적 증
가가 아니라 사회적 증가, 즉 '불임으로 진단받은 인구'의 증가이다.

연도	여성		남성	
	(단위: 명)	전년도 대비 증감분 (단위: %)	(단위: 명)	전년도 대비 증감분 (단위: %)
2004	104,699		22,166	
2005	110,248	5.3	20,747	−6.4
2006	**125,793**	**14.1**	**23,576**	**13.6**
2007	134,833	6.8	26,184	11.1
2008	125,793	−0.3	26,314	0.5
2009	125,793	1.4	27,804	5.7
2010	**125,793**	**9.4**	**35,506**	**27.7**
2011	125,793	1.7	40,199	13.2

2004~2011년 불임 진단을 받은 여성과 남성의 수

　불임치료에 진입하는 최초의 동기는 나와 유전적 연계가 있는 아기를 갖고자 하는 욕망이다. 그러나 불임치료에 접어드는 개인들은 점차 기술이 제공하는 욕망의 컨베이어 벨트를 타고 흘러간다. 기술적 성공에 대한 약속과 쉽지 않은 시술 과정의 반복적 실패를 함께 경험하면서, 아기를 갖겠다는 욕망은 더 강화된다. 처음에는 '나와의 유전적 연계'로 시작하지만, 그 욕망의 끝에는 그저 '아이를 갖는 것'만이 남겨지기도 한다. 불임시술 경험을 공유하는 인터넷

카페들에는, 불임시술 실패의 끝자락에 대리모와 같은 방법도 심심치 않게 등장한다. 이 모든 과정을 겪으면서 '어머니 되기'는 기술의 도움으로 시기와 방식을 정하고 최선의 상태에서 아기를 만드는 엄청난 기획이자 과업이 된다. 그리고 모든 것을 쏟아부었기에, 아기는 너무나 중요한, 세상에 둘도 없는 존재가 된다. 이러한 구도 안에서 모성은 더욱 강화된다.

우리는 주변에서 어렵지 않게 불임시술을 받고 있는 부부들을 만난다. 그들이 모두 신체적으로 불임이 확정된 경우는 아니다. 때로 출산 시기를 조절하고, 너무 늦지 않은 적절한 생애주기에 아기를 갖기 위해, 국가의 보조를 받을 수 있는 불임시술을 통해 아기를 갖고자 시도한다. 혼인 연령이 늦춰지고, 직업적이고 개인적인 인생 계획들을 고려하면서, 아기를 낳는 일은 '자연스럽게' 찾아올 때까지 기다려야 하는 '우연한 선물' 같은 것으로 볼 수 없게 되었다.

신 재생산 기술이 일반화되기 전까지 임신과 출산은 생애사적 사건이었고, 적정한 시기에 조건과 상황이 만들어지지 않으면 자연스럽게 포기되는 기회였다. 혼인이 늦어지거나 가임기에 적절한 파트너를 만나지 못하거나 또는 동성을 사랑한다면, 인생의 많은 다른 일들처럼 포기해야 하는 일 중 하나였다. 그러나 생식보조기술의 발달은 다른 가능성을 열어 주었다. 연령에 상관없이, 섹슈얼리티와 무관하게, 욕망이 생기거나 필요가 발생할 때 아기를 갖는 것은 '실현할 수 있는 일'이 되었다. 그런 관점에서 보자면, 생식보조기술은 우리에게 더 많은 가능성과 자율성을 주는 것 같다. 아기를 가지

려고 몇 년을 희생하며 경력을 포기할 필요 없이, 내가 원하는 적절한 시기에 건강한 아기를 가질 수 있는 자유를 누릴 수 있다. 이 확장된 가능성과 통제력을 마냥 기쁘게, 즐겁게 받아들일 수 있는 것일까?

재생산을 둘러싼
권력, 정치, 자본　　이제 신 재생산 기술이 제공하는 낙관적 전망 이면에 있는 어두운 면을 들여다보아야 할 시간이다. 첫째, 자율성과 가능성이라는 긍정적 미래의 기대는 엄청난 실패를 감추고 있다는 사실이 지적되어야 한다. 불임클리닉에서는 성공률이 증가하고 있다고 광고하지만, 실제로 지난 10여 년간 불임시술의 성공률은 30퍼센트 정도에 불과했고, 이는 그 이전과 크게 다르지 않다. 2001년 미국에서는 시험관 아기 시술을 받은 사람 가운데 27퍼센트가 정상아를 출산했다. 체외 수정된 배아의 임신 성공률도 33퍼센트에 불과했다. 2010년 대한산부인과학회 보조생식술소위원회의 보고에 의하면, 한국에서도 70퍼센트의 체외 수정 주기가 성공하지 못한다. 성공을 받치고 있는, 성공의 두 배가 넘는 실패의 경험은 확연하지만, 너무나 쉽게 간과된다.

　　불임클리닉에서는 높은 실패율을 들어 과배란제를 여성에게 투여한다. 많은 수의 난자를 적출하여 임신 가능성을 높이기 위해서다. 건강한 난자 적출 수의 한계는 정확히 알려지지 않은 채, 엄청난 수의 난자들이 적출되고 있다. 불임시술 경험을 나누는 인터넷의 카페에 많은 수의 '건강한' 난자를 적출했다는 사연이 올라오면,

부러움과 질투를 표시하는 댓글들이 달린다. 많은 수의 난자를 적출하기 위한 호르몬제 투여는 신체적 고통과 과배란증후군이라는 심각한 부작용을 동반한다. 불임치료에 사용되는 호르몬 치료, 과배란제 투여, 인공수정, 조직이식법, 체외 수정 등은 모두 20세기 초 농축산과학에서 시작된 것이다. 대리모 출산 또한 여기서 발달한 기술이다. 불임시술 과정에서 발생하는 부작용들은 아기를 갖겠다는 욕망의 힘으로 감수된다. 그리고 과잉으로 난자를 만들고 적출하는 일은 체외 수정에 반드시 필요한 과정이 되었다. 그러나 이렇게 추출된 난자들이 모두 체외 수정에 쓰이는 것은 아니다. 남겨진 여분의 난자들은 냉동 보관된다.

둘째, 이 냉동된 잉여 난자들은 어디로 갈까? 체외 수정된 배아들은? 전 세계적으로 쓰고 남은 '잔여' 배아의 수도 헤아릴 수 없이 많다. 잉여의 냉동 난자와 냉동 배아는 불임클리닉이 보관한다. 한국의 생명윤리법은 난자와 배아를 과학 연구만을 위해 기증하는 것을 금지하지만, 불임클리닉에서 '생산'된 '잔여' 또는 '잉여' 난자나 배아는 동의를 얻어 연구에 사용할 수 있도록 허용하고 있다. 그리고 냉동 배아는 5년 보관 후 폐기하도록 법으로 정하고 있다. 최근에는 이 '잔여' 배아와 '잉여' 난자를 합법적으로 '재활용'하는 문제가 논의되었다. '잔여', '잉여'라는 말이 이 생체 물질들을 '재활용'이 가능한 폐기물처럼 여기게 한 것은 아닐까?

미국에서는 폐기되고 처리되어야 할 냉동 배아들을 입양하는 사업이, 보수적인 임신중절 반대론자들에 의해 추진된 바 있다. 이들은 생명 존중을 내세우지만, 사실 시험관 시술이나 아동 입양보다 저렴한 냉동 배아 시장이 형성된 것이다. 이 사업 추진자들은 냉동 배아를 '태어나기를 기다리는 아이들'이라고 말한다. 그러면 무수히 폐기되는 것은 잠재적 생명들인가? 실상, 이 사업에서 배아들은 상품처럼 이동한다.

한편, '잔여' 냉동 난자와 냉동 배아는 재생산 의학과 줄기세포 과학이 서로 교차하는 지점에서 특별한 관심의 대상이 된다. 오늘날 줄기세포 과학은 무한한 가능성을 약속하며 재생의학 시장을 열어 가고 있다. 재생의학 산업은 미국과 같은 나라에서 새로운 성

냉동 배아 입양 사이트 캡처 사진

장 동력으로 꼽힌다. 벤처 기업들이 생기고, 그 안에서 무엇이 개발되는지 모르는 채 투자가 이루어진다. 한국, 대만, 중국, 싱가포르와 같은 아시아의 신흥국들도 이 산업에 뛰어들고 있다. 그것이 어떤 미래를 열어 줄지는 여전히 불분명하지만, 재생의학 시장이 성공적으로 상업화하면 '난자 시장'이 재생산 노동의 새로운 시장으로 등장하게 될 것은 분명하다.

셋째, 생식보조기술을 통해 태어나는 아기들과 그 어머니들, 제 3자의 배아를 임신하고 출산하는 대리모들의 장단기적인 건강상의 위험에 대한 자료는 거의 없다. 시험관 시술을 통해 아이를 출산할 때에는 성공률을 높이기 위해 여러 개(약 4개)의 배아를 착상시키는 데, 이때 발생하는 출산 중 사망, 다태아 임신과 태아의 선택적 낙태로 인한 위험, 임신 준비 과정의 호르몬 치료로 인한 부작용, 대리모가 제3자의 배아를 임신하면서 생기는 면역 상호작용상의 문제 등은, 아무런 데이터가 없다 해도 이미 예측 가능한 것들이다. 특히 상업적 대리모는 위험에 대한 충분한 정보를 제공받지 못하고, 자기 몸과 관련된 결정에도 적극적으로 참여할 수 없으며, 체계적인 산후 조리를 기대하기도 어렵다. 상업적 대리모의 취약한 위치는 위험을 가중시킨다. 대리모에게 노동이 인정되어 관리받을 수 있는 기간은 배아를 이식해서 수태할 수 있을 때뿐이고, 실패할 경우 그 결과는 오롯이 그녀의 몸이 겪어야 하는 일로 남는다.

실패와 위험, 신체적 고통에도 불구하고 신 재생산 기술 시장은 확대되고 있다. 이 시장에는 참여하는 상업적 대리모나 의뢰인의 의지나 선택을 넘어서는 어떤 힘이 작용한다. 그래서 마지막으로 대리모와 난자 시장이 포함된 글로벌 생체노동 시장을 살펴보고자 한다. 상업적 대리모 시장이나 난자 시장은 생명공학기술 전체와 관련된 방대한 생체노동 시장의 일부일 뿐이다. 남반구의 가난한 나라에 사는 가난한 사람들은 이 시장에 생체노동자로, 또 '생체 내' 노동자로 참여한다. 그들은 약물 실험, 조직 추출, 혈액 채취, 신체 조직의 기증자 또는 판매자, 상업적 대리모, 인간 대상 연구 피험자로서 노동을 제공한다. 이러한 활동들은 글로벌 생명공학 산업이 만들어 낸 독특한 노동의 형태들이다.

아기를 디자인하고, 생식보조기술의 도움을 받아 자유롭게 원하는 시기에 원하는 아기를 가질 수 있다는 기대와 그 권리 주장의 이면에는 아주 복잡한 기술공학, 생명정치, 글로벌 생명자본, 생체노동 시장의 사정들이 얽혀 있다. '인공자궁'의 출현이 이 복잡한 문제 지형의 해결책이 될까? 복잡한 사정 자체가 달라지지 않는 한, 인공자궁 기술이 해결책이 될 리는 없다. 기술적 해결에 대한 낙관적 믿음보다, 지금 우리에게 필요한 것은 신 재생산 기술의 발달이 어느 단계에 와 있는지, 그 기술의 실행에 어떤 힘들이 작용하고 있는지, 그 과정에서 감추어진 문제들은 무엇인지, 이 기술이 어디로 향해야 할지를 되묻는 일이다. 그리고 우리가 무관심하게 머뭇거리는 사이 이미 우리의 현실을 잠식하고 있는 생명공학기술의 다층적 구조를 찬찬히 되짚어 보아야 한다.

2019년 한국,
어느 대리모의 이야기

우리는 상업적 대리모를 먼 가난한 나라들의 이야기인 것처럼 생각하지만, 한국에도 상업적 대리모가 있다. 잘 드러나지 않지만 그렇다고 딱히 감추어진 비밀도 아니다. 그 시장의 규모를 가늠할 수는 없지만, 사적으로 은밀히 이루어지는 거래가 적지 않을 것으로 보인다. 불임클리닉에서 대리모를 권한다는 사연도 심심치 않게 들린다.

그럼에도 한국에는 대리모 관련 법이 없다. 따라서 대리모 출산 자체는 처벌되지 않는다. 한국에서 대리모 계약에 적용할 수 있는 법은 두 가지 정도다. 하나는 '생명윤리 및 안전에 관한 법률' 제23조 3항으로, 돈을 받고 난자를 제공하거나 이를 알선, 이용하는 행위는 불법이다. 자기 난자를 제공한 대리모의 경우만 위의 법령에 의해 처벌받는다. 다른 하나는 민법 제103조의 "선량한 풍속 기타 사회 질서에 위반한 사항을 내용으로 하는 법률행위는 무효로 한다"는 조항이다. 따라서 상업적 대리모 계약이 이행되지 않아도 의뢰인은 법적 보호를 받을 수 없다. 최근 한 신문기사는 이러한 법의 맹점을 이용하여 사기 행각을 벌이던 30대 여성이 처벌받았다는 내용을 보도했다. 인터넷 사이트를 개설해 대리모 브로커로 활동하던 이 여성은, 대리모 임신이 성공한 것처럼 속여 의뢰인들에게 여러 차례 금품을 갈취했다. 그리고 그녀는 브로커뿐 아니라 스스로 상업적 대리모가 되기도 했다. 그리고 수감 중에 의뢰인의 아이를 낳았다.

대리모 관련 법 규정은 어떻게 이루어져야 할까? 어떤 법이 이 복잡한 상황을 제대로 다룰 수 있을까? 대부분의 나라에서 상업적 대리모는 불법이다. 그러나 국가 차원의 규제로는 상업적 대리모를 근절하지 못한다. 그것은 상업적 대리모를 허용하는 국가들이 있어서만은 아니다. 자본과 노동과 사람이 국경을 가로질러 넘나드는 글로벌 시대에 국가 단위의 규제는 큰 효력을 발휘하지 못한다. 〈구글 베이비〉에서 의뢰인은 냉동 배아를 들고 비행기에 올랐고, 상업적 대리모 자신이 국경을 넘어 이동하는 일도 가능하다. 한국 시장에 국경을 넘어온 새로운 대리모 지원자들이 성공 사례금을 낮추고 있다고 한다.

'인공자궁', 그 낯선 상상은 2020년 이후에 몰려올 미래의 일이 아니다. 의식하지도 못하는 새 우리의 일상에 파고든 생명공학과 의료기술에 이미 그 단초가 있다. 이제 우리는 더 주의를 기울여, 얻게 될 것과 잃게 될 것이 무엇인지, 무엇이 더 중요한 문제가 되어야 할지, 우리 주변에서 목도되는 상황들을 어떤 관점에서 볼지 결정하고, 얼마나 복잡하게 많은 행위자들이 개입되어 있고 얼마나 많은 권력이 작동하고 있는지 이해해야 한다. 그런 다음에야, 이 문제와 관련하여 사회적 결정을 내려야 할 순간이 닥쳤을 때, 과연 우리가 어떤 사회에서 어떤 타인들과 더불어 어떤 삶을 살고자 하는지 판단하여 그 결정에 참여할 수 있지 않을까?

2부

뒤바뀌는
일상

4장

소셜로봇

로봇과의
사랑?
관계의 재구성

신상규

●
○

로봇을
학대하지 마라

보행로봇을 만드는 '보스턴 다이나믹스'라는 회사가 있다. 이 회사에서 올린 동영상들이 한동안 인터넷에서 꽤 뜨거운 논란을 야기한 적이 있다. 동영상을 본 많은 사람들은 로봇을 발로 차는 등의 행위를 하는 연구자를 비난하며, 로봇들의 처지를 안타깝게 여기는 반응을 보였다. 심지어 "로봇 학대를 멈춰라"거나 "로봇의 생명도 중하다!"는 캠페인까지 벌어졌다.

일반적으로 말해서, 로봇은 아무것도 느끼지 못하는 기계이다. 로봇이 스스로 학대를 받는다고 의식할 것 같지도 않다. 하지만 우리는 그것의 몸짓이나 동작을 보고 감정을 투사하면서 이입한다. 인터넷의 논란은 그 과정에서 발생한 해프닝일 따름이지, 사실 "로

로봇 학대 논란을 빚은 보스턴 다이나믹스사의 로봇 개발 장면

봇 학대"라는 표현 자체가 말이 안 되는 언어도단은 아닐까? 어떤
개념을 잘못된 영역에 적용하는 것을 철학에서는 '범주 착오'라고
한다. 이를테면 우리는 일상에서 희화적 표현으로 "얼굴이 착하다"
라고 말한다. '착하다'는 행동에 적용되는 도덕적 평가를 나타내는
말이나, '얼굴'은 도덕적 규범의 적용 대상이 아니다. 기계에 대해
동정심을 표하는 것도 마찬가지다. 기계는 불쌍하거나 안타깝다는
정서적 반응이나 도덕적 판단의 대상은 아닌 것처럼 보인다.

　　여기서 던지고 싶은 질문의 핵심이 바로 그것이다. 로봇 학대
는 과연 범주 착오이며, 잘못된 개념 적용의 예라 할 수 있는가? 그
렇게 생각하는 우리의 일상적 직관은 얼마나 단단하며 잘 지지받고
있는가? 이는 단지 미래의 공상에 관한 질문이 아니다. 이미 나와
있고 앞으로 우리 일상에 더욱 깊숙이 들어올 존재들에 관한 물음

이다. 우리 일상에서 마주하거나 마주하게 될 '소셜로봇'의 사례를 통해, 새로운 '타자'로 등장한 로봇이 제기하는 철학적 질문을 더 살펴보자.

소셜로봇이 몰려온다:

아이보, 섹스봇, 애슐리 투

아이보Aibo는 소니가 만든 로봇 강아지다. 아이보는 1999년에 처음 나왔다가 2006년에 단종되었지만, 2018년도에 업그레이드된 신제품이 나왔다. 인공지능 성능이 강화되어 더 다양한 소리나 동작을 내는 등 실제 애완견과 훨씬 흡사하다.

그런데 단종된 아이보와 관련해 흥미로운 사건이 있었다. 일본 지바현의 한 사찰에서 구형 아이보의 영혼을 애도하는 합동 장례식

일본 지바현의 한 사찰에서 치러진 로봇 장례식

이 열린 것이다. "슬프지만 마지막에는 제대로 장례를 치러서 보내주는 게 좋다고 생각해요." "(고장이 나서) 움직이지는 못했어도 집에 있던 '럭키'가 더는 집에 없다는 게 슬프죠." 장례식에 참석한 아이보 주인들의 목소리다. 일부 아이보는 '장기이식'도 받았다. 로봇이 고장 나면 부속까지 다 못 쓰는 게 아니다. 새 부품을 구할 수 없는 구형 아이보의 경우, 고장 난 아이보의 부품을 빼서 다른 아이보를 수리하는 데 사용한다. 사람들은 이것을 '장기이식'이라 부르고, 서로 간에 결연을 맺어 새로운 관계를 만들어 낸다.

2017년 1월에 방영된 KBS 〈시사기획 창〉의 '차가운 기계, 뜨거운 사랑' 편에서 장례식의 일부를 방영했는데, 마지막 장면은 가슴이 뭉클하다. "물리적으로 보면 기계(로봇)에게 장례식은 필요 없죠. 다만 인간의 마음은 로봇에 반영되어 있죠. 그게 인간의 흥미로운 부분이죠. 그것이 인간의 아날로그적인 면입니다. 디지털이 아니고요." 다큐의 마지막에 등장하는 스님의 말이다.

조금 더 핫한 이슈로 들어가 보자. 섹스봇이라고도 불리는 섹스로봇도 있다. 섹스봇에 대해 가장 먼저 책을 쓴 데이비드 레비 David Levy는 『로봇과의 사랑과 섹스』란 책에서 앞으로 섹스로봇의 도입은 불가피하고 장기적으로 인간과 섹스로봇 간의 결혼도 가능할 것이라 예측한다. 미국의 한 조사에 의하면, 섹스로봇과의 관계에 대해 거부감을 느낀 응답자가 긍정적인 경우보다 훨씬 많았다고 한다. 또 다른 조사에서는 75퍼센트가 로봇과의 섹스를 긍정적으로 생각한다는 정반대의 결과가 나오기도 했다.

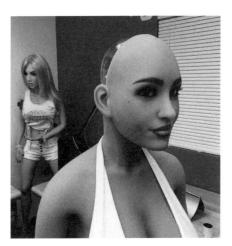

리얼돌 제조업체
어비스 크리에이션이 출시한
섹스로봇 '하모니'

리얼돌 제조업체 '어비스 크리에이션'은 섹스로봇 업계에서 가장 앞서 있는 회사다. 이 회사의 섹스봇 '하모니Harmony'는 리얼돌의 몸체에 인공지능 얼굴을 장착한 제품이다. 몸체를 움직일 수는 없고 눈과 눈동자, 입 정도를 움직이는 제한적인 동작만이 가능하며, 얼굴 근육을 통해 약간의 감정 표현이 가능하다고 알려져 있다. 사용자는 스마트폰으로 대화를 나누면서 하모니를 자신이 원하는 인격 타입으로 훈련시킬 수 있다. 리얼돌 회사의 창립자이자 하모니를 만든 매트 맥멀런Matt McMullen은 다음과 같이 주장한다.

'섹스봇과 성관계를 나누는 일은 앞으로 분명히 일어날 것이며, 이는 그것을 원하는 사람들의 욕구에 관한 문제이다. 그러니 다른 사람의 행위에 대해 판단하고 비난해서는 안 된다.' 지금도 굉장히 뜨거운 이슈이고 앞으로도 많은 논란이 있을 것이다.

아이돌 가수를 본떠 만든 '애슐리 투'는 주인공 레이첼에게 인형 이상의 존재이다

마지막으로 한 가지 사례를 더 들어 보자. 〈블랙 미러〉라는 영국 드라마 시리즈가 있다. 포스트휴먼에 관심이 있다면 꼭 보기를 권장한다. 과학기술의 눈부신 발전이 인간사에 어떤 변화를 가져올 것인지를 재미난 상상력으로 풀어 가는 드라마인데 여기서는 시즌 5 중 〈레이첼, 잭, 애슐리 투〉라는 단편을 소개하겠다.

이 드라마의 주인공은 레이첼이라는 소심한 여자아이다. 엄마는 일찍 죽고 아빠와 사는데 아빠는 쥐 잡는 데 미쳐서 애들한테는 거의 신경을 쓰지 않는다. 레이첼은 자신이 굉장히 좋아하는 애슐리라는 아이돌 가수를 본떠 만든 로봇 인형을 생일선물로 받는다. '애슐리 투Ashley Too'는 가수 애슐리의 두뇌 내용을 전자두뇌로 이식해 만든 인공지능 로봇이다. 레이첼에게는 잭이라는 언니가 있다. 잭은 레이첼이 너무 인형에 빠져들까 봐 걱정스럽다. 한번은 잭이

동생을 걱정해서 로봇을 숨겨 버린다. 그때 둘 사이에서 다음과 같은 대화가 이루어진다.

> 레이첼: 그녀는 나에게 실제로 잘해 주었던 유일한 사람이야She is only person who is actually nice to me.[이때 '그녀'는 애슐리 투를 말한다.]
> 잭: 그녀는 사람이 아니야She is not a person.
> 레이첼: 그녀는 내 친구야She is my friend.
> [레이첼이 로봇을 사람 대하듯 하는 것이 걱정스러운 언니 잭의 대답이 이어진다.]
> 잭: 그건 상품이야Merchandise.

새로운 서사의 탄생

로봇에 대해 장례를 치르고 로봇과 사랑을 나누며 로봇을 친구로 여기는 일이 현실에서 벌어지고 있다. 서사적 구조는 우리가 어떤 현상을 이해할 때 가장 선명하면서도 깊이 각인되는 이해 방식 중 하나다. 우리는 지금까지 로봇을 어떻게 이해했으며, 로봇에 대한 서사는 어떤 식으로 작동하고 있을까? 과거에도 그랬고 지금도 마찬가지지만, 아시모프의 법칙이라는 것이 로봇에 관한 서사에서 중요한 불문율 혹은 마땅히 지켜야 하는 원칙처럼 통용되고 있다. 이 법칙은 아이작 아시모프Isaac Asimov라는 작가가 1942년 단편소설 「런어라운드」에서 처음 제시한 것으로 다음의 세 가지 원칙으로 이루어져 있다.

첫째, 로봇은 인간에게 위해를 가해서는 안 되며, 위험에 처한 인간을 방관해서도 안 된다.

둘째, 첫 번째 원칙에 위배되지 않는 한, 로봇은 인간의 명령에 무조건 복종해야 한다.

셋째, 앞의 두 원칙에 위배되지 않는 한, 로봇은 자기 자신을 보호해야 한다.

아시모프의 법칙에는 이미 로봇이 노예나 도구에 불과하다는 생각이 강하게 박혀 있다. 로봇이라는 표현이 처음 사용된 것은 체코의 작가 카렐 차페크Karel Capek가 쓴 「로섬의 만능 로봇」이라는 희곡 작품에서다. 로봇은 체코 말의 '로보타robota'에서 나왔는데, 이는 하인이나 노예, 고된 일, 강제노역 등을 의미한다. 차페크의 작품에 등장하는 로봇은 기계 로봇이 아니라 피와 살로 이루어진 일종의 생체 로봇이다. 이 희곡은 이른바 인공 노예들인 로봇이 마지막에 반란을 일으키며 인류를 멸종에 이르게 하는 서사를 담고 있다. 말의 어원부터 노예라는 의미를 포함하고 있기 때문인지, 로봇 하면 노예라는 생각이 여전히 우리의 이해를 지배하고 있다.

　물론 로봇에게 노예의 서사만 있는 것은 아니다. 감정을 갖춘 꼬마 로봇 데이비드가 주인공으로 나오는 〈에이 아이〉나 로빈 윌리엄스가 로봇 앤드류로 나오는 〈바이센테니얼 맨〉과 같은 영화도 있다. 이 영화들의 공통된 서사는 인간으로 인정받고자 하는 로봇들의 여정을 줄거리로 한다. 데이비드는 '잃어버린' 엄마의 사랑을 되찾기 위하여, 앤드류는 사랑하는 여인과 결혼하기 위하여 인간이 되기를 꿈꾼다. 정도나 양상의 차이는 있겠지만, 앞으로는 분명 아이보, 하모니, 애슐리 투와 같이 인간과 감정적으로 상호 작용하는 로봇들이 계속 등장할 것이다. 그런데 영화에서처럼 이 로봇들은 노예가 아닌 우리의 사랑하는 친구나 가족이 될 수 있을까?

관계의 측면에서 보자면 로봇 또한 인간에게 매우 '낯선 존재'라고 말할 수 있다. 진화심리학에서는 지금의 인간은 10~20만 년 전과 비교하여 그 행동 양식이나 마음의 구조가 크게 바뀌지 않았다고 한다. 인간은 태어나 여러 가지 경험과 더불어 대상을 구분하기 시작하는데, 갓난아이가 가장 먼저 구분하는 것 중 하나가 스스로 움직이는 것과 그렇지 않은 것 사이의 구분이다. 가령 엄마나 동물처럼 움직이는 것은 살아 있는 것으로 분류하고 스스로 움직이지 않는 것은 무생물인 물리적 사물로 범주화한다. 아이들은 그 구분에 따라 대상의 행동에 대해서 서로 다른 기대를 갖는다. 그 결과 외부 대상과의 접촉 없이 물리적 대상이 움직이면 놀라움을 표하고, 이전에 움직이던 사람의 얼굴이 정지 상태로 있으면 당황하게 되는 것이다.

그런데 스스로 움직이는 기계라는 것은 이런 범주 체계와 잘 맞지 않는 존재다. 우리가 본유적으로 타고나는 인식 체계는 그것을 스스로 움직이는 어떤 것으로 분류한다. 하지만 이성적이고 반성적으로 판단하면 그것은 여전히 '스스로 움직이지 못하는' 물리적 사물에 불과하다. 아마도 이런 충돌이 로봇 학대와 범주 착오의 논란을 불러일으키는 배경이 아닐까? 그런데 이 존재들은 이미 철학적으로도 실천적으로도 중요한 존재로 인간 세계에 등장하고 있다. 우리는 이 낯선 존재들을 어떻게 이해해야 할까? 그것들의 도덕적 지위는 무엇인가? 우리는 그것들을 사랑할 수 있을까?

인격적 타자로서의
로봇

*The Expending Circle*은 피터 싱어Peter Singer라는 철학자가 쓴 책 이름이다. 우리나라에서는 『사회생물학과 윤리』라는 제목으로 번역되어 있다. 원제는 우리가 도덕적으로 고려해야 할 존재의 '서클(범위)'이 확장되고 있다'는 뜻이다. 도덕적으로 배려해야 할 존재를 인간 구성원으로 한정한다면, 그 최초의 인간은 누구였는가? 코 달리고 입 달리고 귀 달리면 다 인간이었는가? 아니다. 귀족의 지위와 재산을 지닌 남성이어야 인간이었다. 거기에 들지 못한 사람은 인간과 동물 사이의 중간적 존재에 불과했다. 하지만 오늘날에는 모든 인간이 동등한 권리와 존엄성을 갖는다는 원칙에 대해서 대부분이 동의하고, 그것이 보편적인 사회적 가치로서 인정받고 있다.

피터 싱어는 여기에 굉장히 중요한 발걸음을 더했다. 그가 『동물 해방』이라는 책을 쓰고 나서 그 '범위' 안에 동물이 들어온다. 도덕적 고려 대상의 범위가 확장된 것이다. 그다음 단계도 있다. 아직 동물만큼은 아니지만, 생명 일반이나 조금 더 나아가 자연을 도덕적으로 배려해야 한다고 보는 입장이다. 여기서 행위자와 피동자를 구분할 필요가 있다. 종래의 도덕 행위자는 인간밖에 없다. 도덕적 행위를 한다는 것은 그 행위의 주체가 자신의 행위 결과에 대해 책임질 수 있다는 말이다. 동물이나 생명이 그런 의미의 행위 주체라고 할 수는 없다. 하지만 인간은 어떤 행위를 할 때에 그것들이 가진 가치나 도덕적 권리를 인정하고 고려해야만 한다. 그런 점에서, 그것들은 도덕적 배려나 수혜의 대상인 도덕 피동자patient이다.

싱어보다 앞서 동물의 윤리 문제를 근대에 제기한 이가 제러미 벤담Jeremy Bentham이다. 그는 도덕에서 동물에 관해 물어야 할 핵심 질문이 '동물은 고통을 겪을 수 있는가'라고 주장했다. 동물의 양심이나 영혼을 운운하는 것은 모두 잘못된 물음이고, 동물이 실제로 아프고 고통을 느낄 수 있는지를 물어야 옳다는 것이다. 데이비드 건켈David Gunkel이라는 미국 철학자는 이를 도덕 철학의 '코페르니쿠스적 전환'으로 평가한 바 있다.

로봇으로 다시 돌아가 보자. 도대체 로봇한테 도덕적 지위가 있다는 소리가 무슨 말인가? 로봇이나 인공지능에게 도덕을 적용해? 그것들을 보살펴야 해? 이런 질문을 제기할 수 있다. 우리는 과학기술이나 기술적 대상의 성격에 대해서 항상 도구라는 생각을 밑바탕에 깔고 있다. 오늘날의 상식이 그렇다. 기술적 대상은 인간의 목적을 위해 우리가 사용하는 도구이며, 필요하면 쓰고 필요 없으면 폐기하는 것이지 무슨 도덕적 지위 타령이냐는 것이 보통의 상식적 판단이다.

역사를 더 거슬러 오르면 애니미즘animism이 있다. 근대 과학혁명이 등장하기 전에 많은 사람들은 바위, 돌에도 생명이나 영혼이라든지 정령이 있다고 봤다. 애니미즘은 미신이지 않은가. 옛날 사람들이 무지해서 그런 이야기를 했지만 더는 신화적인 세계관을 받아들이지 않는 게 과학기술 시대의 상식이다. 이런 상식의 도입에 중대한 역할을 했던 사람이 철학자 데카르트다. 앞에서 벤담의 동물에 관한 핵심 질문이 왜 도덕 철학의 코페르니쿠스적 전환이었냐 하면, 그 전까지 동물은 기계였기 때문이다. 데카르트는 동물은 영혼이 없기 때문에, 즉 마음이 없기 때문에, 기계와 똑같은 방식으로 작동한다고 보았다. 동물이 인간과 구분되는 것은 동물이 기계이기 때문이다.

여기서 기계라는 개념을 유심히 살펴볼 필요가 있다. 데카르트가 생각하기에, 인간의 대척점에 있는 것은 동물이 아니다. 인간의 대척점에는 기계가 있다. 데카르트는 우리의 신체도 기계라고 생각했다. 하지만 인간은 비록 신체는 기계지만 영혼을 가진 존재다. 동물을 포함하여 인간을 제외한 나머지 모든 존재들은 영혼이 없는 기계다. 그럼 다른 존재와 인간의 차이는 자명하다. 영혼 혹은 마음의 존재 여부다. 그래서 기계는 물리적인 조작의 대상이지 도덕적인 고려의 대상은 아니다. 여기서 기계는 다른 기준에 의해서 배제된 한 종류의 타자가 아니다. 그 자체가 타자를 만들어 내는 기준이다. 그래서 칸트 같은 위대한 철학자도 동물을 학대하고 때리는 행위 자체에 아무런 도덕적 잘못이 없다고 생각했다. 동물은 기계니까.

그런 만큼 벤담이 '동물의 고통 체험 여부가 중요한 질문'이라고 언급한 것은 기존의 지성사적 관점에서 보면 파격적인 주장이다. 벤담 이후에 피터 싱어가 등장해서 1975년도에 『동물 해방』이 나온다. 지금으로부터 50년이 채 안 된 주장이다. 이 책이 세상을 뒤집어 놓았다. 마르크스의 『자본론』을 비롯해 인류의 역사를 바꿔놓은 책이 몇 있다. 『동물 해방』 역시 20세기 인류 문화를 바꾸어놓은 책이다. 그 전만 하더라도 사람들은 동물 학대나 공장식 동물사육 등에 대해서 오늘날과 같이 예민하게 문제의식을 갖지 않았다. 물론 문제들이 여전히 남아 있지만, 싱어의 책은 최소한 동물 문제에 대한 우리의 감수성을 혁명적으로 바꾸어 놓았다.

그 연장선에서 데이비드 건켈은 벤담의 질문이 '동물질문animal question'이라 한다면, 오늘날 우리가 응답해야 할 질문이 '기계질문machine question'이라 주장한다. "지능적 기계의 도덕적 지위는 무엇인가?" "지능적 기계는 도덕 공동체의 일원이 될 수 있는가?" 이것이 기계질문이다. 이때 문제가 되는 기계를 자동차 조립공장의 로봇이 아니라 인간과 감정적으로 상호 작용하는 인공지능 로봇으로 생각하면 좋을 것이다. 이제 그런 로봇의 도덕적 지위를 따져야 하는 시대가 온 것이다. 인공지능 로봇은 과연 도덕적 행위의 책임 주체나 혹은 도덕적 고려나 배려의 대상이 될 수 있을까? 우리는 이 로봇들과 어떻게 관계를 맺어야 하나?

로봇과
'관계 맺기'?
어떤 존재에게 도덕적 지위를 부여할 때, 우리는

어떤 방식으로 생각하는가? 우리는 인간이나 동물이 어떤 속성이나 특성을 가지고 있기 때문에 그에 부합하는 도덕적 지위를 갖는다고 생각하는 경향이 있다. 지능이나 의식, 고통을 느끼는 감수 능력 같은 것들이 도덕적 지위의 결정에서 중요하다고 여긴다. 벤담이 동물에서 주목한 것도 고통을 느끼는 감수 능력이다. 동물은 고통을 느낄 수 있기에 도덕적 배려의 대상이 되어야 한다는 것이다.

인공지능 로봇도 비슷한 방식으로 도덕적 지위를 결정한다고 해 보자. 이때 우리가 가장 먼저 할 일은 인공지능이 지능이나 의식, 고통 감수성을 갖고 있는지 따져 보는 것이다. 이에 대한 답변에 따라 다음의 두 가지 입장이 가능하다.

1. 인공지능 로봇은 지능이나 의식의 특징을 가지므로, 도덕적 지위를 부여해야 한다.
2. 인공지능 로봇은 지능이나 의식의 특징을 갖지 않으므로, 도덕적 지위를 부여하지 말아야 한다.

1과 2는 로봇이 지능이나 의식, 고통 감수성과 같은 성질을 갖는지 여부에 따라 그 도덕적 지위를 결정해야 한다는 주장이다. 그런데 여기서 우리는 사실과 당위를 구분해 볼 수 있다. 로봇이 실제로 고통을 느낄 수 있는지는 과학적 탐구를 통하여 답변 가능한 사실의 영역에 속하는 문제다. 반면에 로봇의 도덕적 지위는 옳고 그름에 관한 가치 판단의 문제로 보인다. 즉, 이는 사실이 아니라 당위에 관련된 문제라는 것이다. 둘은 범주상 서로 다른 영역에 속한다.

1, 2는 사실을 기초로 해서 가치나 당위에 대한 입장을 이끌어 낸다. 하지만 데이비드 흄과 같은 철학자는, 사실은 당위에 관한 판단을 논리적으로 함축하지 않는다고 생각한다. 현대 철학자 G. E. 무어는 사실로부터 가치나 당위를 추론하는 것에 대해 '자연주의의 오류'라는 이름을 붙였다. 그렇다면 1과 2의 입장은 자연주의적 오류를 범하고 있는 것이 아닐까? 다행인지 불행인지, 자연주의적 오류가 진짜 오류인지에 대해서 철학자들의 입장이 갈린다. 그런데, 그 오류 여부를 떠나서, 의식과 같은 사실적 속성의 유무와 무관하게, 마땅히 그래야 한다는 가치의 문제로 로봇의 도덕적 지위 문제에 접근해야 한다는 입장이 있을 수 있다. 3과 4가 그런 입장들이다.

3. 인공지능 로봇이 지능이나 의식의 특징을 가진다 해도, 도덕적 지위를 부여하지 말아야 한다.
4. 인공지능 로봇이 지능이나 의식의 특징을 갖지 않아도, 도덕적 지위를 부여할 수 있다.

3은 설령 로봇이 지능이나 고통을 느낀다고 하더라도 도덕적 지위를 부여하지 말아야 한다고 주장한다. 로봇은 도구나 노예 같은 존재로 제작된 것이다. 그런데 도덕적 지위를 부여할 것이면 굳이 그걸 만들 이유가 있나? 우리가 편하려고 만든 건데, 왜 그것들을 도덕적으로 대우해야 할까? 이처럼, 3은 로봇은 인간의 필요에 의해 만들었기 때문에, 그 목적의 실현을 위한 노예나 도구로 취급해도 된다는 입장이다.

4는 입장이 조금 미묘하다. 이는 로봇이 의식이나 고통 감수성과 같은 속성을 갖지 않아도, 도덕적 지위를 부여할 수 있다고 주장한다. 넷 중 가장 비직관적이며 일반적 상식과도 거리가 멀어 보인다. 의식이나 고통 감수성을 갖지 않는데 왜 로봇에게 도덕적 지위를 부여해야 할까? 그런데 4의 입장이 잘 드러나는 사례도 존재한다. 아이보 합동 장례식을 생각해 보자. 장례식에 참석한 당사자들도 아이보는 기계니까 영혼이 없다는 것을 잘 안다. 그럼에도 명복을 빌어 주고 싶어 한다. 거기에 대해 스님은 그게 인간 마음의 오묘함이라고 말한다. 4의 입장은 로봇이 실제로 무엇이든 간에, 사람들이 로봇을 대하는 방식과 더불어 그것들과 어떤 유의미한 관계를 맺고 있는가에 입각하여 도덕적 지위 여부가 결정된다고 본다. 이때 인공지능 로봇이 실제로 어떤 존재인지는 중요하지 않다.

상식적으로 1, 2가 가장 그럴듯해 보인다. 하지만 1과 2의 입장에도 쉽게 해결하기 힘든 만만치 않은 철학적 문제들이 걸려 있다. 먼저 왜 의식이나 고통 감수성과 같은 특성들이 도덕적 지위를 결정하는 핵심 기준인지를 정당화할 필요가 있다. 그런데 혹시 이는 우리 인간의 감수성이나 종족적 편견을 반영하는 것은 아닐까? 그리고 설령 그 속성들이 중요하다고 해도, 로봇이 의식을 갖는지 여부는 어떻게 확인할 수 있는가? 이는 철학에서 흔히 '타인의 마음' 문제라고 부르는 것이다.

3의 입장은 조금 과격해 보인다. 이는 기술이 발전해도 로봇은 노예나 하인 역할에 머물러야 한다고 주장한다. 아리스토텔레스는 노예를 살아 있는 도구라고 이야기한 바 있다. 아리스토텔레스에게 노예는 인간이 아니고 도구였다. 이런 입장에서는 설령 로봇이 고통을 느끼더라도 도덕적으로 대우할 필요는 없다. 그런데 과연 그럴까? 우리가 로봇을 도구나 노예로 만들었다 해도, 그것이 고통을 느끼는 존재인데 막 때리거나 죽여도 되는가? 3의 입장은 우리가 다른 인간이나 동물을 대우하는 기존의 가치관과 충돌한다.

자라나는
관계　　　그렇다고 해서 4번의 입장을 택하자니 뭔가 석연치 않다. 하지만 4의 입장도 사실 생각해 볼 여지는 상당하다. 로봇이 의식 등의 특성을 결여하고 있어도 우리는 얼마든지 그것에 대해 감정적 태도를 가질 수 있다. 내가 외로운데 5년, 10년을 로봇 강아지 아이보와 함께 살았다고 가정해 보자. 내가 집으로 돌아오면 꼬리를 흔들어 마중 나오고 말하면 고개를 끄덕이며 반응한다. 이렇게 교감하며 잘 지내 왔는데 어느 날 그것이 고장 나서 '죽으면' 슬프지 않겠는가? 그간의 교감은 무의미한 장난이었을까? 기계일 뿐인데 내가 바보같이 속은 것일까? 물론 그렇게 생각할 수도 있다. 하지만 같은 기계라고 해도 빵 굽는 토스트와 아이보를 대하는 방식은 다르다. 소셜로봇이라는 것은 사람이 동물이나 다른 인간에게 감정을 이입하는 행동 양식을 이용해 인간의 정서적 반응을 인위적으로 이끌어 내려고 만든 로봇이다. 이런 애완로봇이 일반화된다면, 내가 화난다고 해서 로봇을 망치로 부수거나 하면 나쁜 사람으로 평가받지 않겠는가.

우리는 동물도 도덕적으로 존중받아야 한다고 생각하지만, 여전히 동네 더럽힌다고 길 고양이를 죽이는 사람도 있다. 그 사람들은 왜 그런 것일까? 그들에게 고양이는 아무런 의미가 없는 물건일 뿐이기에 그렇다고 추정해 볼 수 있다. 돼지는 또 어떤가? 돼지는 개보다 지능IQ이 더 높다고 알려져 있다. 그런데 인간은 돼지를 먹는다. 인간이 돼지를 먹는 것은 사회적으로 인정받는 행동 양식이다. 돼지를 먹는 것은 비난하지 않지만 고양이를 때려죽이는 것은 비난받는다. 개를 식용으로 잡아도 비난받을 수 있다. 이것은 사회적 규범화의 결과이다.

그렇다면 애완동물처럼 애완로봇과의 관계가 보편적으로 인정받는 사회적 행동 양식이 되었다고 해 보자. 이때 누군가 화난다고 해서 애완로봇을 부수면 사회적 통념이나 규범에 어긋나기에 비난받지 않을까? 4의 입장에서는 그렇다고 대답한다. 이런 입장과 가까운 사람이 마크 쿠헬버그Mark Coeckelbergh라는 철학자다. 그는 도덕적 지위 문제에서 실제로 우리가 대상과 어떻게 관계 맺고 있는지가 중요하다고 생각한다. 로봇이 실제로 어떤 존재인지를 따지는 일보다 일상적 경험 행위 속에서 우리가 그들과 관계 맺는 방식이 더 중요하다는 것이다. 그래서 로봇이 진짜 감정이 있는지를 묻기보다, 그것이 우리에게 감정이 있는 존재로 보이는지, 우리는 그것과 어떻게 상호 작용하고 있는지를 물어야 한다.

이런 입장을 관계론적 접근이라고 한다. 1과 2의 입장에 따르면, 도덕적 지위는 실재하는 속성의 문제이고 그 속성에 입각하여 과학적으로 결정하면 될 문제이다. 그런데 관계론적 접근에 따르면, 도덕적 지위는 객관적인 속성의 문제가 아니라 인간과 인간, 인간과 동물, 인간과 자연이 맺고 있는 다양한 일상적 관계의 방식 속에서 정해지는 문제이다. 말하자면, 어떤 존재의 도덕적 지위는 우리 삶의 근간을 이루는 관계에 대한 문화적 태도나 습관에 따라 결정된다는 것이다. 쿠헬버그는 이를 일상적 삶의 양식 속에서 실천되는 다양한 경험들의 토양 위에서 자연스럽게 "자라나는growing" 것이라 표현한다. 어떤 존재의 도덕적 지위는 인간과 해당 대상 사이에 일어나는 다양한 상호작용이나 관계 맺기라는 과정의 토양 위에서 자라난다는 것이다. 도덕적 지위는 누군가가 억지로 부여하는 것이 아니라 우리의 삶의 방식, 태도, 습관을 통해 저절로 형성되는 것이다.

대상이 우리에게 보이는 방식이나 우리가 그것과 관계하는 방식은 우리가 어떤 종류의 문화 속에 살고 있는지에 따라 달라진다. 예를 들어 서양인들은 랍스터 회는 손도 대지 않고 익힌 랍스터만 먹는다. 랍스터가 아무리 맛있다고 해도 어릴 때부터 먹어 온 습성 때문에 서양인에게 횟감은 익숙하지 않은 징그럽고 맛없는 음식일 뿐이다. 선입관에 의해 음식 맛도 이처럼 달라진다. 선입관은 삶의 문화적 습관에서 나온다. 그런 문화의 습관에 따라 사물이나 동물도 다르게 보인다. 과거 선조들에게 집에서 키우는 개는 잘 키워 났다가 잡아먹는 가축이었다. 지금은 어떤가? 가족과 같은 존재가 되었다. 수술비가 거금 몇 백만 원이 든다 해도 그 돈이 아깝지 않은 존재이다. 과거 사회가 틀렸고 우리가 맞다는 게 아니라 삶의 습관과 문화적 습관, 우리의 삶을 조직하고 구성하는 틀이 바뀌었다는 얘기다.

도덕적 지위라는 것도 비슷하게 생각할 수 있다. 도덕적 지위를 결정하는 관계의 토양이라는 것은 언어적 관계, 사회적 관계, 기술적 관계, 영적 관계, 공간적 관계 등 굉장히 다양한 삶의 조건들에 의존한다. 비트겐슈타인의 표현을 빌리면, 이런 것을 우리는 흔히 총체적인 삶의 양식이라고 말하고 그것들을 규정하는 다양한 구조를 삶의 문법, 언어놀이라고 표현한다.

동물의 지위도 마찬가지다. 우리는 과연 동물을 사랑하는가? 개, 고양이는 사랑할 것이다. 그러면 닭은? 닭은 치킨으로 돼지는 삼겹살로 사랑한다. 동물에 대해서도 우리는 다르게 사랑하고 있다. 이처럼 동물의 도덕적 지위는 오직 인간과 동물이 맺고 있는 다양한 관계의 맥락 속에서만 말할 수 있다. 그 지위와 관련하여 각각의 동물이 가지고 있는 속성에는 커다란 차이가 없다. 지능이 문제가 된다면 개보다 돼지를 더 높게 평가해야 하고, 원숭이와 침팬지는 인간과 비슷하게 생겼기 때문에 더 대우해 주어야 맞다. 우리가 개, 고양이를 더 대우하는 이유는 오랫동안 반려동물로 키웠기 때문이지 그들이 동물로서 지니는 생물학적 특성에 차이가 나기 때문이 아니다. 우리는 오직 그들과 맺고 있는 다양한 관계의 맥락이라는 문법 속에서만 그들이 어떤 존재인가에 대해 이야기할 수 있다.

'더' 머신은
없다
우리말에는 그런 표현이 없지만 영어에는 '더/디the'라는 정관사가 있다. '디 애니멀' 하면 우리말로 그냥 '동물'이지만, 그 표현은 동물을 단일한 하나의 무엇으로 파악한다는 의미를 담고 있다. 철학자들은 이것을 추상이라고 한다. 그런데 현실 어디에도 '디 애니멀'은 존재하지 않는다. 개가 있고 고양이가 있고 고양이 중에서도 길 고양이가 있고 그것도 구체적 존재자로서 있다. 특정한 상황에 놓인 고양이만이 존재한다. 동물 일반을 칭하는 개념으로서 '동물' 혹은 '디 애니멀'은 철학자나 인간이 형성한 개념적 추상으로만 존재하며, 때때로 우리의 도덕적 사고를 방해한다.

각각의 동물은 생태계뿐 아니라 다른 동물 및 인간과의 사회적 관계망 안에 위치한다. 이 관계들은 역사적이며, 특정의 장소나 서식지, 사물들과 얽혀 있다. 우리는 이런 관계망 속의 맥락에 따라 동물들과 매우 다양한 방식의 관계를 맺는다. 우리는 반려동물을 가족처럼 생각한다. 반면에 가축은 살아 있는 고기일 뿐이다. 살아 있는 가축을 불쌍히 여기지만 반려동물보다 훨씬 못 미치게 대우한다. 또 어떤 동물, 이를테면 소는 과거에 중요한 노동력이었다. 밭 갈고 논 갈고 해야 하기 때문에 막 잡아먹으면 안 되는 존재였다. 그런데 지금은 기계가 경작을 대신하니 소의 지위가 살아 있는 고기로 곤두박질쳤다. 그런가 하면 사냥감도 있고 실험 재료인 동물들도 있다. 이처럼 동물들은 우리와 맺고 있는 관계의 양상에 따라 그 지위 조건이 다르다. 이들의 지위는 우리가 살아가는 문화적 습관에 따라 그것들과 맺는 구체적 관계 속에서 결정된다.

로봇도 마찬가지다. 우리는 기계를 한 가지 종류로 이해하는 경향이 있다. 기계는 모두 기계일 뿐이라고 생각하는 것이다. 그래서 로봇도 기계일 뿐이다. 하지만 앞서 논의했듯이, 기계라는 개념 자체가 이미 영혼과 대비되는 것으로서 데카르트적인 방식의 가치를 담고 있다. 그런 점에서 기계는 모두 기계일 뿐이라는 생각을 극복할 필요가 있다. 기계도 하나의 단일한 개념이 아닐 수 있다. 동물을 하나의 단일한 무엇으로 보는 '디 애니멀'이 잘못된 태도이듯이, '더 머신'이라는 하나의 단일 개념으로 모든 기계를 똑같은 것으로 범주화하는 것도 잘못된 방식일 수 있다. 그래서 로봇의 도덕적 지위라는 것도 실제로 그것들이 처해 있는 맥락과 그 속에서 이루어지는 상호 작용의 관계를 통해서 보아야 한다. 전쟁터에서 싸우는 군사로봇은 어떨까? 동료들과 전우의 관계를 맺을 수 있다. 실제로 그런 보고가 많으며, 이라크전에서는 군인들이 장례식도 치렀다고 한다. 가정이나 요양원에서 만난 감정로봇은 가족과 같은 존재일 수 있다. 지금이야말로 기계에 대한 다양한 새로운 서사, 새로운 은유가 필요한 시점이다.

은유는 인간이 세상을 이해하는 매우 중요한 방식이다. 조지 레이코프George Lakoff라는 유명한 언어학자가 있는데 『코끼리는 생각하지마』라는 책을 썼다. 코끼리를 생각하지 말라면 자꾸 코끼리를 생각하게 된다. 그게 책의 핵심 포인트이다. 우리가 무언가 익숙한 유비를 통해 세상을 파악한다는 '프레임frame'이라는 말도 레이코프가 만든 개념이다. 하나의 개념적 프레임이 있으면 그것과 연상된 개념의 묶음이 있다. 로봇 하면 기계. 기계는 죽어 있는 것. 우리가 이런 프레임에 갇혀 있다는 것이다. 앞으로 로봇과의 관계에서 이런 프레임을 해체하는 새롭고 다양한 방식의 상상력과 은유가 필요하다.

영화 〈그녀Her〉, 그리고 최근 나온 〈엑스 마키나〉, 〈휴먼스〉 같은 영화나 드라마가 있다. 〈디트로이트 비컴 휴먼〉이라는 건 플레이스테이션에서 돌아가는 게임이다. 이 모두가 로봇과 관련된 매우 재미있는 서사들을 담고 있다. 영화 〈그녀〉에 등장하는 인공지능

플레이스테이션 게임
〈디트로이트 비컴 휴먼〉.
안드로이드 로봇의 개발과 상업화로
부흥을 맞은 2038년 디트로이트를
배경으로 한다.
플레이어의 선택에 따라 다양하고
새로운 서사가 펼쳐진다.

'사만다'는 신체가 없다는 게 독특하다. 〈휴먼스〉나 〈엑스 마키나〉, 〈디트로이트 비컴 휴먼〉은 그 이전의 SF와 비교하여 서사의 성격이 점점 바뀌고 있다. 특히 〈휴먼스〉나 〈디트로이트 비컴 휴먼〉은 로봇이라는 종족과 인간 사이에 발생하는 사회정치적 갈등을 중심으로 서사가 펼쳐진다. 앞으로 더욱 다양한 형태의 서사가 필요하다.

앞서 언급한 기계질문에 적절히 답하기 위해서, 우리는 실제로 로봇과 부딪치는 일상의 도덕 경험들을 더욱 진지하게 해석하고 고민해야 한다. 로봇과의 대면에 관한 훨씬 더 다양하고 구체적인 이야기가 필요하다. 그들과 실제로 어떻게 지내며 어떤 경험을 하고 있는지 말이다. 그것들에 대해 느끼는 감정이나 경험을 가짜 경험이나 범주 착오라고 비난하기에 앞서 그것들이 갖는 의미를 훨씬 다양한 각도에서 살펴볼 필요가 있다. 그들과 맺는 여러 관계적 양상을 '기계'라는 단일한 은유가 아니라 훨씬 다양한 은유를 통해 서술하고 표현할 수 있는 해석학적 가능성을 열어 놓아야 한다는 것이다.

로봇과
'감정 맺기'

요즘 스마트폰을 쓰지 않는 사람은 거의 없다. 그런데 아이폰이 나오기 전만 해도 스마트폰은 사실 스마트하지 않았다. 이전의 스마트폰은 전화기가 스마트한 게 아니라 사용하는 사람이 스마트해야 사용할 수 있었다. 기능이나 인터페이스가 너무 복잡해서 웬만한 사람들은 사용할 수 없었다. 그런데 아이폰이 등장한 이후 기계가 스마트해졌다. 직관적이 된 것이다. 그러면 둘 사이에 어떤 차이가 있는가? 관건은 사용자 경험과 관련된 인터페이스의 문제였다. 『디지털이다』를 쓴 니콜라스 네그로폰테Nicholas Negroponte라는 학자는 가장 좋은 인터페이스는 인터페이스가 사라지는 거라고 했다. 인터페이스라는 게 있다는 것을 모르게 하는 것이 가장 좋은 인터페이스라는 것이다.

로봇도 마찬가지다. 반응이 신통치 않은 로봇은 인터페이스가 마치 벽처럼 느껴진다. 인간이 로봇과 그런 벽을 느끼지 않고 자연스럽게 상호 작용하려면, 로봇이 인간의 감정에 반응할 수 있어야 한다. 달리 말하면, 감정이 인간과 로봇 사이의 상호작용을 매개하는 인터페이스인 것이다. 감정과 관련해서 『데카르트의 오류』라는 책을 쓴 안토니오 다마지오Antoio Damasio라는 유명한 학자가 있다. 과거에는 항상 이성과 감정이 대비되었다. 이성은 인간의 신적인 능력이고 감정은 동물적 능력에 가까웠다. 지금도 우리는 감정적이면 안 돼, 감정을 억눌러, 이런 말을 곧잘한다. 감정 연구에서 다마지오는 특히 인간의 이성과 감정의 관계에 주목했다. 뇌졸중이라든지 사고를 통해 뇌의 특정 부분이 망가진 사람의 경우에 수학적인 계산이나 논리와 관련된 추론 혹은 언어 능력은 거의 손상이 없는데, 감정에 문제가 생긴 사람들이 있다. 그런데 감정에 문제가 생기면 기본적 의사결정이나 합리적 판단 능력에 문제가 생겼다. 다마지오는 감정이 합리적인 판단이나 의사결정을 위한 필수적 조건이라 보았다.

감정은 신체적이다. 감정은 인간이 외부 대상이나 환경과 교섭하기 위한 반응 메커니즘이다. 환경의 새로운 변화에 가장 먼저 반응하는 게 감정이다. 보통 우리가 감정을 느낄 때는 그것과 연관된 신체적 표지가 있다. 가슴이 두근두근 뛰거나 열이 나고, 등골이 서늘해지고 식은땀이 나는 등의 반응이다. '체성 표지 가설'이라고 하는데, 이런 신체적 표지는 그것과 연관된 감정이 긍정적인지 부정적인지에 따라 우리의 반응 행동이나 의사결정에 즉각적인 영향을 끼친다. 요즘 많은 지지를 받고 있는 '체화된 마음embodied mind'의 입장에서, 감정은 단지 머릿속에 있는 내적 두뇌 상태가 아니라, 외부 환경과의 관계 속에서 작동하는 일종의 신체적 능력이다. 신체적 반응은 단순히 감정을 느끼는 것이 아니라 그 자체가 감정 상태를 구성하는 과정이다.

폴 뒤무셸Paul Dumouchel의 『로봇과 함께 살기』라는 책에서도 비슷한 이야기를 한다. 로봇을 사회적인 존재로 만들려면 파트너인 인간과 정서적으로 상호 작용하는 능력을 로봇에게 부여해야 한다. 그러려면 로봇이 먼저 인간의 사회적인 행동 방식을 알아야 한다. 그런데 인간의 사회성에서 감정이 중요한 역할을 한다. 다마지오의 주장을 따르면, 감정은 이성의 반대 개념이 아니라 오히려 개인이 변화에 알맞은 대응전략을 구축하는 수단이다. 따라서 감정을 로봇에게 어떻게 구현하는지는 소셜로봇 공학에서도 굉장히 중요한 과제가 된다.

뒤무셸에 따르면, 소셜로봇 공학은 일반적으로 감정을 기계의 내적 상태나 과정으로만 파악하는데 이는 잘못된 접근이다. 이는 마치 인간의 감정을 인간의 두뇌 상태로만 이해하는 것과 마찬가지다. 감정을 주관적이고 개인적인 현상으로 간주하고 사회적 상호 작용을 부차적 효과로 여기는 것은 잘못된 이해라는 것이다. 내적으로 느끼는 '이것'만이 진짜 감정이고 겉으로 표현된 것은 감정이 아니라고 생각한다면, 로봇이 표현하는 감정은 가짜 감정이 된다. 로봇은 내적으로 아무것도 느끼지 않기 때문이다. 이런 관점에서 진짜와 가짜 감정을 구분하고 소셜로봇은 노인이나 약자들을 속이는 일이라 비판하는 학자들이 있다. 로봇이 보이는 것은 인간의 행위를 모방한 가짜 감정이라는 것이다. 그러나 이런 주장은 잘못된 전제에서 비롯된 잘못된 주장일 수 있다.

뒤무셸에 따르면, 감정은 하나의 정서적 공조 행위이다. 우리는 누군가의 감정 표현을 먼저 읽고, 그것이 어떤 감정인지를 인지적으로 파악한 다음에 그에 적절한 방식이 무엇인지를 판단하여 대응하지 않는다. 우리는 타인의 감정 표현에 인지적으로 반응하는 것이 아니라, 오히려 화를 내는 등의 감정 행위를 통해 맞대응한다. 여기에는 상대방의 감정을 제대로 이해했는지에 대한 옳고 그름의 문제가 발생하지 않는다. 오히려 우리는 감정적인 교환 행위를 통해서 서로 이견을 조율하며 관계를 맺는 것이다. 우리가 주관적으로 감지하는 느낌으로서의 감정은 그 과정에서 발생하는 중요한 하나의 계기에 불과하다. 감정이란 두 주체가 연결되어 있고 그 사이에서 일어나는 관계적 현상이지, 내 머릿속에 존재하는 개인의 주관적인 경험의 내적 상태가 아니라는 것이다.

그렇기에, 소셜로봇 공학에서 중요한 문제는 내적, 외적 감정의 구분이 아니라, 어떻게 하면 감정표현을 통해 서로의 행위를 규정하며 상호 작용하는 역동적 행위 과정에 로봇을 참여시킬 수 있는 지다. 이런 관점에서 보면, 로봇이 표현하는 감정 행동을 거짓된 감정으로 볼 이유가 없다. 또한 이러한 공조 메커니즘에 참여한 로봇이 만들어 내는 인위적 공감도 결코 착각을 이용한 기만이 아니다. 이런 공감은 이미 수 세기에 걸쳐 인간과 관계를 맺어 온 가축들이나 반려동물들의 경우에도 마찬가지였다고 말할 수 있다. 우리는 동물들의 경우와 비슷한 방식으로, 그러면서도 다른 과정을 거쳐 인간의 새로운 사회적 파트너인 로봇과 새로운 공진화의 길을 모색할 필요가 있다.

**다른 '인간'을
맞을 준비**　　　로봇과 인간의 관계에 대해 어떤 태도가 옳다고 단적으로 말할 수는 없다. 문화는 바뀌어 가는 것이니, 로봇에 대한 여러 가지 서사가 사람들에게 얼마만큼 새로운 언어적 상상력을 보여 주느냐에 따라서 그 관계의 양상은 얼마든지 달라질 수 있다. 로봇과 함께 살아가는 방식은 우리의 일상을 지배하는 가치관이나 문화적인 삶의 습관과 관련되어 있다. 그것은 임의로 바뀌는 것이 아니라 다양한 요소들의 상호작용을 통해 변화한다. 철학도 개입될 것이고 문학적 상상도 개입될 것이며, 종교적 태도나 전통적으로 내려오는 문화적 관습, 낯선 현상에 대한 태도, 과학이나 새로운 기술을 대하는 태도, 로봇에 대해 말하는 방식과 같은 다양한 요소들이 복합적으로 작용하여 로봇에 대한 우리의 경험을 결정할 것이다.

로봇에게 지위를 부여하는 주체는 인간이다. 로봇이 우리에게 드러나는 방식에 따라서 거기에 걸맞은 지위를 우리가 부여한다. 그 드러나는 방식은 누가 혹은 무엇이 결정하는가? 문화적 습관으로서의 삶의 양식이다. 그렇다면 기계질문은 결국 우리가 어떤 존재인지를 묻는 질문이다. 과거 노예제 시절에 주인이 노예를 대하는 태도는 그 당시를 살았던 사람들이 어떤 사고방식이나 태도를 지녔는지, 다시 말해서 그들이 어떤 종류의 인간이었는지를 드러낸다. 21세기 우리가 보이는 태도나 행동도 마찬가지다. 우리가 동물을 대하는 태도는 우리가 어떤 종류의 존재자들에게 연대감을 느끼고 어떤 가치를 추구하는 존재인지를 보여 준다.

로봇에 대해서도 마찬가지로 얘기할 수 있다. 이는 단지 로봇을 어떻게 대우하느냐의 문제가 아니라, 기술적 존재들에 대한 우리의 심성과 그것들을 지배하는 우리의 가치 체계에 관한 문제다. 다른 존재의 도덕적 지위에 대한 물음은 결국 우리에 관한 질문이고 우리 사회에 관한 질문이라 할 수 있다. 가령 우리는 기계와 관련된 어떤 현상을 비난할 수 있다. 로봇 섹스가 그럴 가능성이 높다. 섹스하는 로봇을 가족이라 여기는 자들은 아마도 또 하나의 성소수자가 될 가능성이 높다. 그때 문제가 되는 것은 로봇과 인간의 관계가 아니다. 로봇과 사랑에 빠진 인간과, 사랑은 인간과 인간 사이에만 가능하다고 생각하는 인간 사이의 대립이 문제인 것이다. 우리가 어떤 가치관, 어떤 이념, 어떤 규범을 가지고 세상을 바라보느냐 하는 것은 곧 다른 존재, 단순히 로봇이 아니라 로봇과 각자 다른 관계를 맺고 있는 다른 '인간'을 우리가 어떻게 보느냐의 문제이다. 이는 결국 다른 '인간'을 어떻게 대할 것인가의 문제이기도 하다. 우리는 이들을 우리의 일부로 인정할 준비가 되어 있는가? 이것이 포스트휴먼 시대에 우리에게 주어진 숙제이다.

5장

가짜뉴스

디지털 사회와
보이지 않는
권력

구본권

●
○

흔들리는
호모 파베르의 위상

장면 1 2018년 2월 5일 미국 증시는 아무런 뚜렷한 악재가 없는 데도 다우지수가 1,000포인트 이상 하락했다. 당일치로는 사상 최대의 하락폭이었다. S&P500 지수도 4퍼센트포인트 넘게 하락했다. 이날 단 10분 동안 일어난 지수 폭락 사태로, 수조 달러 이상의 가치가 순식간에 증발해 버렸다. 투자자의 불안 심리를 반영하는 지표VIX가 갑자기 상승하면서 이와 연동된 프로그램 매매가 투매에 나서 연쇄적 폭락 사태로 나타난 것이다. 미국 증시에서 85퍼센트 이상은 프로그램 매매로 이뤄진다. 사람의 개입 없이 순식간에 진행되는 알고리즘의 자동적 매매가 일으킨 신종 재앙이다.

장면 2 2019년 3월 영국의 한 에너지기업 대표는 상사인 독일의 모회사 사장에게서 22만 유로(약 2억 9,000만 원)를 헝가리은행으로 즉시 송금하라는 전화를 받고 지시를 따랐다. 의심할 여지 없는 사장의 목소리와 음색이었지만, 전화 속 상대는 인공지능이었다. 딥페이크Deepfake 기술로 상사의 목소리를 구현해 사기에 인공지능을 활용한 최초의 범죄로 보도된 사건이다. 딥페이크는 실제와 구별되지 않는 동영상, 음성을 제작하는 인공지능 기술이다. 15초 분량의 샘플만 있으면 완벽한 가짜를 만들어 낸다. 구글은 2018년 5월 개발자 대회에서 사람과 식별 불가능한 인공지능 비서 '듀플렉스'가 식당 종업원, 미용실 직원을 감쪽같이 속이고 예약전화를 거는 장면을 공개했다.

장면 3 2016년 미국 대통령 선거를 앞둔 3개월 동안 소셜미디어에서는 "프란치스코 교황이 트럼프 후보를 지지했다"는 등의 가짜뉴스가 폭발적으로 조회, 공유, 추천되었다. 영국에선 자국이 유럽연합에 최대의 지원금을 퍼주면서도 혜택은 거의 받지 못하고 있으며 유럽연합을 탈퇴(브렉시트)하는 게 이익이라는 등 사실과 다른 가짜뉴스가 쏟아졌다. 미국 대선에선 트럼프가 당선되는 이변이, 2016년 영국 국민투표에선 브렉시트가 통과되는 일이 벌어졌다. 이후 민주주의의 선진국으로 불리던 두 나라는 정치적 혼란을 겪고 있다. 배경에는 케임브리지 애널리티카가 페이스북의 개인

Pope Francis Shocks World, Endorses Donald Trump for President, Releases Statement

TOPICS: Pope Francis Endorses Donald Trump

프란치스코 교황의 트럼프 후보 지지를 보도한 가짜뉴스

정보를 빼내 선거운동에 사용한 불법행위와 러시아가 소셜미디어를 통해 미국 대선과 영국 정치에 영향을 끼쳐 혼란을 일으키려는 조직적 시도가 있었음이 뒤늦게 드러났다.

이 세 장면들은 현대 사회가 예측하지 못한 기술 발달의 이면이다. 과학기술을 통해 우리는 더욱 강력하고 똑똑한 도구를 갖게 되었는데, 일찍이 없던 '통제 불능'의 상황을 맞고 있다. 왜일까? 인간의 개입 없이 기계에 의해 자동적으로 인식과 판단, 실행이 이뤄지는 영역이 갈수록 확대되고 있기 때문이다.

인간이 도구와 맺는 관계가 근본적으로 변화하고 있다. 유사 이래 호모 파베르Homo faber(도구적 인간)로서 인간은 도구를 만들고 활용해 왔지만 그 관계는 일방적이고 전형적이었다. 도구는 인간에 의해 만들어지고 인간 감각기관의 연장으로 활용된다는 점에서 사람은 도구를 의도적으로 조작할 수 있는 주체인 호모 파베르였다. 그동안 기술과 도구는 설계자이자 사용자인 사람의 의도를 벗어나지 않는 상태에서, 더 강력하고 편리하고 효율적인 방향으로 발달해 왔다. 도구는 인간의 통제와 예측 범위 안에 존재해 왔다. 그런데 모든 정보를 전자신호(0과 1)의 조합으로 표현할 수 있는 디지털 기술이 등장한 이후 달라지기 시작했다. 디지털 기술은 기본적으로 18개월마다 반도체의 집적도가 두 배로 늘어난다는 '무어의 법칙'을 따르는데, 시간이 지날수록 정보 처리속도와 처리량이 기하급수적으로 증가한다. 정보량과 처리속도가 기하급수적으로 증가하는 현상은 정보가 이내 인간의 인지 범위와 처리 능력을 벗어남을 의미한다.

기계를 더 편리하고 효율적으로 작동시키기 위해서 디지털 기술이 개발되었고 컴퓨터는 인지, 연산, 판단, 실행 능력을 갖게 되었다. 인공지능은 심화신경망과 빅데이터를 활용한 학습 능력을 구비하게 되었고 인간의 인지 능력과 도달 범위 너머의 세계를 만들고 있다. 스스로 학습하고 진화하는 기계가 일단 등장하면 필연적으로 '슈퍼 인공지능'으로 발전하여 결국 인간에 의한 통제가 불가능해진다는 불안이 생겨난다. 스티븐 호킹Stephen Hawking, 일론 머스크Elon

Musk 등은 슈퍼 인공지능의 등장으로 인류의 생존이 위협받는다고 우려하고 있다.

알 수 없는 미래에 대한 불안보다 심각한 것은 이미 나타난 현실의 문제다. 그러한 인공지능의 작동 구조와 판단 근거를 이해하지도 통제하지도 못한 상태에서 개인과 사회는 효율성과 편리성을 이유로 그 결과를 채택하고 활용하는 현실이 존재하기 때문이다. 위험한 의존이다. 인간이 도구의 사용자가 아니라, 도구에 의해 사실상 지배당하는 종속적 관계로 전락했다. 깊이 의존하고 있지만 그 대상을 이해하고 통제할 수 없으면 주종의 관계는 역전된다. 프랑켄슈타인 박사의 괴물처럼 인간이 개발한 도구를 통제할 수 없다면 사람은 도구에 자신을 맞춰야 하는 기술 종속적 삶을 살게 된다. 편리하고 효율적인 정보사회의 도구인 디지털과 인터넷 기술도 통제 여부에 따라 양면성을 띤다.

**인터넷,
무너진 이상주의**   1969년 빈트 서프Vinton Cerf와 로버트 칸Robert Kahn이 설계한 패킷통신 규약TCP/IP에 따라 인터넷의 모태인 미 국방부의 아르파넷Arpanet이 출현했고, 1989년엔 팀 버너스리Tim Berners-Lee가 월드와이드웹의 기초가 된 하이퍼텍스트 논문을 발표했다. 50년 전, 30년 전 각각 인터넷과 웹의 구조를 설계한 이들은 기술의 긍정적 효과를 믿은 이상주의자였다. 인터넷과 웹의 설계자들은 혁신적 기술에 대해 어떠한 특허와 소유권도 신청하지 않고 공개했다. 그들은 '개방과 공유'를 인터넷의 모토라고 설파했다. 지식과 정보를 장벽 없이 모든 사람들이 자유롭게 이용하게 되면 인터넷은 인류의 행복과 평화를 증진하는 도구가 될 것이라고 믿었다. 비효율과 판단 실수 대부분은 양질의 정보가 부족해 생겨나고 갈등과 전쟁 같은 적대 행위는 상호간 소통 실패와 오해에서 빚어진다고 생각했다. 자유로운 정보 공유와 소통이 가져올 미래는 사이버스페이스를 새로운 자유와 이상의 공간으로 꿈꾸게 만들고 사이버 무정부주의를 표방하는 인터넷 자유주의자들의 목소리도 부각시켰다. 정보주권 시민단체인 전자프론티어재단EFF의 활동가 존 페리 발로John Perry Barlow는 1996년 2월 발표한 사이버 독립선언문에서 "우리는 사이버스페이스에서 마음의 문명을 건설할 것이다.

그것은 너희 정부가 이전에 만든 것보다 더 인간적이고 공정한 세상이 될 것이다"라고 주장했다. 1960년대 인류애에 기반한 자유와 평화의 공동체를 꿈꾼 히피들을 연상시킨다.

사이버 세계에 대한 설계자들의 선의와 무관하게 이상주의는 비현실적이었고, 인간 본성에 대한 낙관은 순진했음이 드러났다. 웹의 아버지 팀 버너스리는

존 페리 발로는 사이버 독립선언문을 발표하고 새로운 문명의 건설을 선언했다.

웹 개발 30돌을 맞은 2019년 "웹은 기회를 만들고 소외된 소수에게 목소리를 주며 생활을 편리하게 했지만, 사기와 증오를 비롯한 모든 범죄의 도구가 되었다"며 웹의 몰락을 개탄했다. 인터넷은 만인을 연결하는 기능을 넘어, 모든 사물을 연결하는 만물인터넷 환경으로 진입하고 있다. 인터넷은 인공지능과의 결합을 통해 인간의 인지와 통제 범위를 벗어나는 수준으로 나아가고 있다. 모든 것이 디지털 정보가 되어 기계에 의해 처리되고 인터넷으로 연결되었다는 현실은 거의 모든 사회적 현상이 기계와 인터넷의 영향권 아래 있다는 것을 의미한다. 개인과 사회는 인터넷이 만들어 낸 새로운 틀과 힘이 지배하는 환경을 살아가지만 일상을 지배하는 인터넷의 운용과 통제 방법에 인간은 아직도 익숙하지 않다.

생명체는 장구한 진화 과정을 거쳐 유기체로서의 생명 유지 방식을 획득했다. 제도와 문화 또한 사회에서 오랜 시간 상호작용을 통해서 지금의 모습으로 자리 잡았다. 설계도 없이 장구한 시간에 걸쳐 자연과 사회라는 거대한 체계의 상호작용 속에서 만들어진 구조다. 그런데 인터넷과 인공지능 기술은 다르다. 소수의 전문가가 설계한 인위적 구조에 따라서 모든 게 작동한다. 초창기 인터넷의 구조를 설계하고 이용한 전문가들은 스탠퍼드, UCLA 등 미국 일부 대학과 연구기관의 컴퓨터 공학자들이었다. 대체로 통신하는 상대가 누구인지 알 수 있거나 서로 신뢰하는 사이였다. 인터넷이 핵전쟁 상황에서도 작동하는 강력한 통신 네트워크로 설계됐음에도 보안이 취약하고 악용에 대한 대책이 없는 배경이다. 인공지능 또한 기술의 영향과 통제력 차원에서 동일한 문제를 안고 있다. 사회는 점점 더 많은 영역이 인공지능에 의해 처리되는 빅데이터와 알고리즘 사회로 변화하고 있으며, 인간의 제한된 인지 능력과 주의력 범위를 넘어서는 복잡하고 방대한 규모의 정보가 점점 더 많이 생성되고 있다. 인공지능 덕분에 우리는 인간의 인지 능력을 넘어서는 빅데이터를 활용하면서 편리한 생활을 누리고 있지만 이는 동시에 인간의 삶이 인공지능에 깊이 의존한다는 것을 의미한다.

그러나 인간의 기술에 대한 이해와 통제 수준은 전에 없이 미약하다. 지금까지 도구는 인간이 설계한 방식대로 작동했기 때문에 기계의 작동 방식과 결과는 별다른 설명이 필요 없었다. 스스로 학습하고 결과를 내놓는 인공지능은 다르다. 딥러닝은 뇌 구조를 모방한 심화신경망 방식의 기계학습으로 뛰어난 성과를 내고 있지만, 이는 인공지능을 블랙박스로 만들었다. 심화신경망은 서로 복잡하게 연결된 수백수천 층위에서 수백만 개의 매개변수들이 상호작용하는 구조로, 사람이 그 모두를 인지하는 게 불가능하다. 인공지능의 결과와 효율성은 탁월해졌지만 알고리즘은 더 불투명해지고 인간의 인지 영역 밖에 있다.

알파고에서 딥러닝의 주요한 특징이 드러났다. 인간이 이해할 수 없지만 인간을 능가하는 결과를 내놓는다는 점이다. 알파고가 둔 돌의 의미는 해석되지 않았다. 알파고와 대국한 이세돌 9단은 물론 딥마인드의 개발자도, 기보 해설을 맡은 프로기사도 그 의미를 설명할 수 없었다. 알파고의 행보와 포석 이유를 알 수 없었지만,

알파고의 수는 바둑 최고수의 전략을 능가했다. 인공지능의 추론 과정을 알 수 없지만 그 결과가 항상 효율적이라는 점은 딜레마다. 이해할 수 없고, 그래서 통제할 수 없지만 우리는 이러한 괴물 같은 인공지능을 실생활에 끌어들이기 때문이다. 효율성 극대화는 기업의 이익 증대와 국가의 군사력 증강을 의미한다. 이해할 수 없지만 효율성 높은 인공지능을 경쟁기업과 이웃국가가 채택한다면 다른 쪽 상대에게 선택의 여지는 없다. 우리는 점점 더 이해할 수 없고, 그래서 통제할 수 없는 인공지능을 생활 속으로 불러올 운명이다.

나아가 우리는 점점 더 도구에 맞춤화된, 도구를 위한 생활방식을 당연하게 받아들이게 된다. 디지털 파일만 가능한 지원서 접수, 하이패스 차로만 있는 톨게이트처럼 우리는 기계가 처리할 수 있는 형태에 맞추는 방식으로 일상을 변화시킨다. 디지털 도구는 인간 친화적 사용자 환경을 지향하며 사람의 의사소통 방식을 모방한다. 인공지능 음성비서, 휴머노이드 감정로봇 등 사람처럼 언어와 표정으로 소통이 가능한 도구가 등장하고 있다. 사람의 모습과 의사소통 방식을 모방한 기계가 등장하면 사람은 이들 기계를 단순히 도구 이상으로 간주하고 관계를 심화시킨다. 사람처럼 생겼거나 사람처럼 반응하는 대상은 생명체가 아니어도 사람에게 인간적 소통의 대상이 된다. 1966년 MIT의 조지프 와이젠바움Joseph Weizenbaum이 개발한 심리상담 자동프로그램 일라이자Eliza와 2013년 할리우드 영화 〈그녀Her〉 속 인공지능 '사만다' 사례에서 볼 수 있다.

기술의 영향력과 인간의 의존성이 확대됨으로써 도구와 인간

```
Welcome to
              EEEEEE  LL      IIII  ZZZZZZZ  AAAAA
              EE      LL       II        ZZ  AA   AA
              EEEEE   LL       II       ZZZ  AAAAAAA
              EE      LL       II       ZZ   AA   AA
              EEEEEE  LLLLLL  IIII  ZZZZZZZ  AA   AA

     Eliza is a mock Rogerian psychotherapist.
     The original program was described by Joseph Weizenbaum in 1966.
     This implementation by Norbert Landsteiner 2005.


ELIZA: Is something troubling you ?
YOU:   Men are all alike.
ELIZA: What is the connection, do you suppose ?
YOU:   They're always bugging us about something or other.
ELIZA: Can you think of a specific example ?
YOU:   Well, my boyfriend made me come here.
ELIZA: Is it important to you that your boyfriend made you come here ?
YOU:   He says I'm depressed much of the time.
ELIZA: I am sorry to hear that you are depressed.
YOU:   It's true. I am unhappy.
ELIZA: Can you explain what made you unhappy ?
YOU:   ▌
```

인간적 소통의 대상이 된 디지털 도구. 심리상담 자동프로그램 일라이자.

의 전통적 관계가 역전되는 문제는 시간이 지날수록 강화될 현상이
다. 소셜미디어와 같은 도구를 통해 사람들과의 비대면 접촉과 소
통이 늘어나고, 휴머노이드 감정로봇과 인공지능 음성비서 등을 이
용하며 음성과 표정으로 기계와 소통하는 상황도 확대되고 있다.
휴머노이드 로봇이 제한적이나마 자율성을 갖추고 인간의 소통 대
상이 되면, 그 로봇은 비인격적 주체의 지위를 갖게 된다.

포스트휴먼 시대,

비인격적 주체의 등장　　근대 이후 신의 존재가 사라지고 인간만
이 이성과 책임의 주체가 되었다. 인간만이 이성을 통해 자아에 대

한 성찰적 사유를 할 수 있는 유일한 존재로서 자유와 책임의 주체로 간주되었다. 최근의 인공지능은 인식과 책임의 유일한 주체로 기능해 온 인간의 존재적 지위에 균열을 내고 있다. 인공지능은 인간과 같은 자율성과 의식을 갖추고 있지 못한 상태이지만, 인지적 능력을 통해 비인격적 주체로의 지위를 획득해 가고 있다.

인간의 자율성과 다르지만, 인공지능은 인간이 작동 구조와 그 결과를 알지 못하는 방식으로 인식하고 행동할 수 있는 기능을 갖췄다는 점에서 기존 도구와 구별된다. 현재 인공지능의 자율적 인식과 판단이 설계자가 허용하고 위임한 범위에 해당하는지 여부와 별개로, 인공지능이 결과적으로 자율적 기능을 구현한다는 점에서 인공지능은 도구 이상의 도구이다.

이는 인간만을 주체적 인식과 활동의 주체로 보고, 그 위에서 형성해 온 기존의 사회적 체계와 규정 등에 새 변수가 등장했음을 의미한다. 인공지능은 인간만을 인식과 사회적 행동의 주체로 여겨 온 오랜 인식과 사회 체계에 새로운 차원의 관점을 요청하고 있다. 사회혁명에 비견되는 전면적인 관점 전환과 새로운 사고의 틀을 요구한다. 근대 시민사회에 시민이라는 주체의 등장과 그에 대한 인식의 확산으로 인해, 사회계약론 논의가 전개되고 시민혁명이 일어난 것에 비길 수 있다. 시민혁명 이후 각 사회 세력의 참여와 논의를 통해 새로운 사회계약이 만들어지고 근대 시민사회의 기틀이 됐다. 새로운 기술 환경이 변화시키고 있는 현실과 미래에 적합한 거버넌스 시스템을 만들기 위한 근본적인 논의와 모색이 필요한 이유이다. 이는 구체적으로 비인격 주체의 자율성과 책임성을 어느 수준까지 인정하고 허용할 것인지, 그에 따른 변화를 기존 사회 시스템과 어떤 방식으로 조화시킬지에 관한 논의이다.

앞의 사례들에서 볼 수 있듯, 사람을 모방한 인공지능의 존재와 행동에 대해 인간은 거의 식별하지 못하고 사후에 그 결과를 보고 파악하는 경우가 많다. 기술의 발달은 인공지능이 사람과 유사하거나 사람보다 뛰어난 인식, 판단, 실행 능력을 갖는 포스트휴먼 시대를 불러왔다. 개인과 사회의 규범과 체계는 인간만을 이성적 능력을 지닌 자유와 책임의 주체로 상정하고 만들어져 운영돼 왔다. 포스트휴먼 시대는 인간 외에 인식과 판단, 실행 능력을 지닌 비인격 주체와의 공존을 의미한다.

편리함과 효율성을 추구하는 기술의 발달은 결과적으로 비인격 주체의 출현을 가져왔다. 인류가 예상하지 못했던 비인격 주체의 등장은 개인과 사회에도 일찍이 생각해 본 적 없는 복잡한 문제를 제기한다. 개인적 차원에서는 생존과 번영을 가르는 문제이다. 사회적 차원에서는 공동체의 유지와 운영을 좌우하는 중대한 과제다. 인간 능력을 극대화하는 도구이기도 한 인공지능 로봇과 같은 비인격 주체는 개인들 간의 격차를 극대화하는 요인이다. 강력한 도구와 기술을 소유하고 있는지, 작동 구조를 이해해 활용할 수 있는지 여부에 따라서 개인들 간의 격차는 커진다. 이제껏 경험해 보지 않은 개인 간 초격차의 불평등이 펼쳐지는 환경이 예고돼 있다. 또한 사회적 차원에서 비인격 주체의 등장은 기존 사회제도와 민주주의의 근간을 뒤흔들고 위협하는 존재의 출현을 의미한다. 기존 사회 시스템은 독립적 인간만을 자율적 판단과 행동의 주체로 삼고 설계되었다. 글의 첫머리에 소개한 장면들이 충격적으로 다가온 까닭은 우리의 사회 시스템이 비인격 주체가 등장해 사람과 유사한 역할을 수행할 수 있다는 것을 전혀 상정하기 않았기 때문이다.

심리를 조종하는

알고리즘　　민주주의 체제는 1인 1표를 행사하는 평등선거와 보통선거를 기반으로 한다. 대리 투표가 인정되지 않고 유권자 개개인이 직접 주권을 행사하는 방식으로 권력 구조와 사회 질서가 만들어진다. 민주주의 체제의 전제는 독립적이고 주체적인 시민 개개인이다. 누군가의 조종을 받거나 주체적 결정을 할 수 없다고 여겨진 사람에게는 시민으로서의 정치 참여 권리가 주어지지 않았다. 정보화 사회는 사람의 인지 능력으로 대응할 수 없는 규모의 방대한 데이터가 생산되고 처리되는 빅데이터 환경이다. 2년마다 인류가 축적한 양만큼의 방대한 데이터가 새로 생겨나고 있다. 사회가 디지털화함에 따라 개인과 사회는 점점 더 데이터에 의존하지만, 인간의 인지 능력을 벗어나는 데이터 규모로 인해 인공지능과 알고리즘에 의존하는 구조가 가속화한다. 소셜미디어에서 알고리즘을 기반으로 제공되는 정보는 설계자의 의도에 따라, 이용자들에게 특정한 인식과 태도를 형성하게 할 수 있다. 사람들이 디지털 정보에 의존하는 삶은 인공지능과 소셜미디어를 통해서 개인과 집단의 심리를 조작

당할 수 있는 환경이기도 하다.

인공지능과 소셜미디어를 통한 심리 조작은 이미 현실이다. 진짜와 식별되지 않는 가짜를 만들어 내는 딥페이크 기술 못지않게 위험한 것은 소셜미디어를 통한 심리 조작과 조종이다.

장면 4 페이스북 데이터 분석 연구진은 코넬대 등과 함께 2012년 1월 페이스북에서 감정 전이 실험을 진행했다. 실험집단과 비교집단으로 나눠 실험집단 69만여 명의 페이스북 게시글(뉴스피드)을 조작하자 감정이 전염되는 현상이 나타났다. 긍정적인 게시물이 줄어들면 사용자는 긍정적인 표현을 줄이고, 부정적인 게시물을 더 많이 올렸다. 반대로 뉴스피드에 보이는 부정적인 게시물이 줄어들면 사용자는 긍정적인 게시물을 더 많이 올리는 경향을 보

《미국 국립과학원회보》에 실린
페이스북 감정조작 실험에 관한 논문

였다. 페이스북 사용자들은 자신의 계정에 노출되는 게시글만 봐도 감정적으로 영향을 받았다. 페이스북은 알고리즘 변경을 통해 사용자들에게 보이는 게시글을 조종하는 것으로 사람들의 감정을 조작할 수 있었다는 것을 확인했다. 페이스북과 코넬대 공동 연구진은 이 감정 전이 실험에서 얻은 결과를 2014년 6월《미국 국립과학원회보PNAS》에 논문으로 실었다. 연구진과 학회 편집진은 소셜미디어에서 감정이 전염되는 것을 확인한 흥미로운 연구 결과라며 자랑스럽게 연구 논문을 발표했지만, 거센 비판에 직면했다. 연구를 명분으로 소셜미디어 사용자들의 감정을 조작했다는 것이 드러났기 때문이다. 사용자에게 자신이 실험대상이라는 것을 알리지 않았다는 연구 윤리 문제도 있지만, 더 심각한 것은 소셜미디어에서 알고리즘을 이용해 원하는 방식으로 사용자들을 조종할 수 있다는 사실이 확인된 것이다. 이는 실제로 페이스북 안에서 광범하게 사용자 대상 뉴스피드 조작 실험이 '최적화'와 '개인화'의 명분으로 진행되었을 가능성이 높다는 걸 의미한다. 페이스북의 데이터 과학자들은 사용자들의 미세한 취향까지 분석하고 분류해, 더 몰입된 사용자 경험을 만들어 내는 데는 뛰어났지만, 자신들이 그러한 힘을 쓰는 방식이 어떠한 영향을 끼치고 사회에서 어떤 반응을 불러올지에 대해서는 판단하지 못했다. 알고리즘을 통해 사용자 모르게 뉴스피드를 조작하는 기술은 페이스북이 투표일에 특정 성향의 사용자들에게 투표 참여율을 소폭 높이거나 낮추는 방법으로 정치 권력에 영향을 끼칠 수 있는 기술이다.

장면 5 인터넷에서는 '지구는 둥글지 않다'는 황당한 '지구 평면설Flat Earth Theory'을 신봉하는 집단이 늘고 있는데, 이는 유튜브 알고리즘 때문이라는 연구 논문이 2019년 미국과학진흥협회AAAS 연례 학술대회에서 발표됐다. 애슐리 랜드럼Asheley Landrum 미 텍사스공대 교수는 지난 5년 동안 구글에서 '평평한 지구' 검색이 폭증했으며 신봉자 30명을 인터뷰한 결과 모두 유튜브 영상을 통해 지구 평면론자가 됐다는 연구 결과를 발표했다. 유튜브는 동영상 시청이 완료되면 유사 콘텐츠를 자동재생하고 추천하는 시스템을 통해 페이지뷰와 접속시간을 극대화하는 알고리즘을 적용해 왔다. 이로써 유튜브가 허위·조작 정보와 가짜뉴스의 유통 경로로 활용된다는 게 알려졌다. 유튜브에서 3년 동안 추천 시스템을 다룬 엔지니어 기욤 샤슬로Guillaume Chaslot는 2018년《가디언》인터뷰에서 "유튜브의 추천 알고리즘은 이용자 체류시간 증대에 집중돼 필터버블Filter Bubble(이용자의 관심사에 맞춰 필터링된 인터넷 정보로 인해 편향된 정보에 갇히는 현상)과 가짜뉴스를 발생시킨다. 유튜브 동영상의 품질과 다양성 개선을 위한 알고리즘 수정 방안을 제시했지만 채택되지 않았다"고 밝힌 바 있다.

장면 6 무차별 대중을 대상으로 동일한 내용을 전달하는 매스미디어와 달리 인터넷은 쌍방향 맞춤형 미디어다. 이용자 맞춤형 콘텐츠만이 아니라, 인터넷의 정밀 맞춤형 광고는 효율적인 마케팅 방법으로 인터넷 산업을 성장시킨 인터넷의 꽃이자 자양분이다.

선거운동엔 다양한 자원이 총동원되는데 유권자별 정밀 맞춤형 정치광고는 강력한 효과를 발휘해 온 첨단 선거운동 기법이다. 성별, 나이, 우편번호 등은 물론 "25~35세 독신여성으로《폭스뉴스》에 '좋아요'를 누른 브루클린의 단독주택 거주자"처럼 콘텐츠 이용 취향을 반영해 광고 대상을 세분화하여 특정 집단에 광고를 집행하므로, 도달 효율과 태도 변화에 영향이 크다. 케임브리지 애널리티카가 페이스북에서 빼낸 개인 정보는 이러한 정밀 맞춤형 정치광고에 사용됐고 그 결과는 정치 지형을 흔들었다. 문제가 불거지자 2019년 구글, 트위터 등은 유권자 대상 '정밀 맞춤형 정치광고'를 금지하기로 광고 정책을 변경했다.

페이스북의 감정 실험과 정밀 맞춤형 광고, 소셜미디어 알고리즘은 인터넷 환경에서 개인들의 인식이 독립적이고 주체적인 사고로 형성되는 게 아니라, 데이터와 알고리즘을 이용하는 세력에 의해 조종될 수 있음을 보여 주었다. 선거와 같은 합법적 절차를 통해 권한과 역할을 위임받은 적 없는 기술집단과 권력집단이 민주주의 사회의 기본 전제인 '시민들의 독립적이고 주체적인 인식'에 비밀리에 영향을 행사하고 원하는 방향으로 조종할 수 있는 상황이다.

인공지능과 알고리즘이라는 비인격 주체가 인간을 대신하는 상황은 편리함과 효율성의 증대를 의미하는 동시에 시민 개개인이 인식·참여·통제할 수 없는 영역을 확대한다. 이는 동시에 개인간·집단간·국가간 거대한 격차를 가져오는 요인이다. 나아가 민주주의 사회의 전제와 근간을 위협한다. 소셜미디어에서 알고리즘과 봇 Bot에 의해 전파·추천·공유되며 이용자들의 인식을 바꾸는 '가짜 뉴스'라는 허위·왜곡 정보도 포스트휴먼 시대에 비인격 주체의 영향력과 활동 방식을 사회 구성원이 충분히 인식하지 못하기 때문에 생겨난 현상이다.

민주주의를 위협하는
알고리즘
민주주의 체제는 식견과 독립적 판단 능력을 갖춘 시민들의 합리적 토론과 여론 형성을 기반으로 설계됐다. 하지만 민주주의는 설계 당시 존재하지 않던 첨단 기술이 등장해 새로운 정보 확산과 여론 형성 구조를 지니게 됐다. 또한 특정 집단은 정치적·경제적 이익을 추구하면서 인터넷의 기술적 특성을 악용해 거짓 정보를 퍼뜨리고 특정 여론을 유도하면서 사람들의 심리적 취약성을 이용하고 있다. 사회를 지탱하는 틀인 현재의 민주주의 체제는 새로운 디지털 환경에 매우 취약한 구조라는 사실이 속속 드러나고 있다. 인터넷은 모든 정보를 찾게 해 주지만 동시에 누구나 확인되지 않은 거짓 정보를 실시간으로 확산시켜 여론을 왜곡할 수 있는 구조다. 인공지능을 이용한 딥페이크 조작 영상은 보이는 것을 진실이라고 믿도록 형성된 인간의 인지 구조를 쉽게 속인다.

이런 배경에는 도구적 인간이 기술과 맺어 온 관계의 근본적 속성이 깔려 있다. 인간은 끊임없는 기술 개발을 통해 효율성을 높여 왔고 삶의 질을 개선해 왔다. 도구에 더 많이 의존하는 삶이 편리하고 합리적인 선택으로 여겨지면서 우리는 도구를 더 많이 신뢰하고 의존하게 되었다. 우리는 작동방식이 드러나지 않는 첨단 기술에 대해 이해와 통제가 불가능한 상황이 되었지만 의존도는 더욱 깊어졌다. 하지만 기대와 달리 알고리즘은 신뢰하고 위임하기에 너무 위험하다는 게 우리가 알고리즘에 의존하는 정도가 깊어지면서 점점 선명하게 드러나고 있다.

첫째, 알고리즘은 중립적이지도 공정하지도 않다. 알고리즘은 인간의 약점과 단점, 편견을 갖지 않고 기계적 인식과 판단을 통해 정확성과 공정성, 효율성을 가질 것으로 기대되었다. 하지만 알고리즘도 사람들이 만든 기존 질서와 설계 구조를 반영할 따름이라는 게 확인되고 있다. 미국 보스턴대 법학 교수 대니엘 시트론Danielle Citron은 "알고리즘을 객관적이라고 생각해 신뢰하는 경향이 있지만, 그 알고리즘을 만드는 것은 인간이므로 다양한 편견과 관점이 알고리즘에 스며들 수 있다"고 지적한다. 단계적 수식 프로그램인 알고리즘은 세부적 코드마다 실제로는 구체적인 가정과 선택을 필요로 한다. 이 과정에 개발자의 성향과 판단, 사회적 압력이 알게 모르게 개입한다. 조지아공대의 기술사학자 멜빈 크랜즈버그Melvin Kranzberg 교수가 만든 '기술의 법칙'은 "기술 자체는 좋은 것도 나쁜 것도 아니지만, 중립적이지도 않다"(제1조) "기술은 지극히 인간적인 활동이다"(제6조)라고 정의한다.

둘째, 컴퓨터 스스로 데이터를 통해 학습하는 머신러닝은 주어진 데이터의 한계를 벗어날 수 없다. 기존 데이터의 규모와 특성 그리고 그 데이터를 만드는 사람들의 속성이 반영되는 구조다. 알고리즘은 흑인의 얼굴 사진을 인식하지 못하거나 동물로 오인하며 새로운 차별을 만들고 있다. 미국의 법정에서 사용되는 알고리즘 컴파스COMPAS는 흑인들의 재범 성향을 백인보다 높게 판단하며 인종차별적 판결을 내리기도 한다. 질병 진단 알고리즘은 백인들에게만 정확도가 높다. 알고리즘은 데이터를 반영하는데, 데이터 자체가 갖는 편향성은 사회가 원래 편향적이라는 것을 반영하기 때문이다. 인공지능 분야에 종사하는 사람들은 백인, 남성, 고소득자, 영어 사용자가 절대다수다.

뉴욕대 교수 케이트 크로퍼드Kate Crawford 는 "인공지능은 다른 기술들처럼 개발자의 가치를 반영한다. 누가 중요한 자리에 앉아

미국의 비영리 인터넷 언론인 프로퍼블리카(ProPublica)는 법정에서 판결에 활용하는 컴파스의 편향 알고리즘을 폭로했다.

결정하고 윤리적 관점을 제시하는지 따지지 않으면, 소수 특권 세력의 편협하고 편향적인 관점을 반영하게 된다"고 말한다. 로런스 레식Lawrence Lessig 하버드 법대 교수는 『코드 2.0』에서 법이 사회를 규율하듯 소프트웨어 코드는 사이버 세계를 규율한다고 말한다. 법과 알고리즘 모두 현실을 규율하는 힘이지만, 차이는 법조문은 작동 방식과 영향이 드러나지만 알고리즘은 블랙박스 속에 숨어 있다는 점이다. 곧 개발자 외에는 접근할 수 없다.

사람의 판단과 결정은 각종 이의제기 절차와 재판 항소 절차에서 드러나듯 완벽하지 않으며 수정될 수 있다는 것을 전제한다. 인간이 내린 판단은 항상 잠정적이고 가변적이다. 하지만 알고리즘은 다르다. 기업 비밀로 보호되고 그 구조가 공개되지 않는 알고리즘은 수정하기도 어렵지만 차별이나 편향과 같은 오류가 있다는 것을 인지하는 것 자체가 어렵다. 만약 차별적 법을 제정하고 독재를 자행하는 경우 다수의 비판을 피할 수 없고 이는 반발과 투쟁, 통제와 타협으로 이어지는 정치 행위의 대상이 된다. 하지만 인공지능과 소셜미디어의 알고리즘은 편향되고 왜곡된 결과를 내놓아도 그 구조가 드러나지 않기 때문에 감시의 대상이 되기 어렵다.

민주주의는 시민 대중이 가장 강력한 권력을 만들어 내고 통제하는 시스템이다. 디지털 사회에서 인공지능과 알고리즘은 무엇보다 강력한 힘이 되고 있지만, 인공지능 알고리즘의 불투명성과 이해 불가능성은 이에 대한 시민적 통제를 불가능하게 만든다. 페이스북, 구글, 아마존 등 거대 기술기업과 기술자, 그리고 전체주의 국가들이 가장 강력한 힘의 기술과 서비스를 통제하며 좌우하고 있다. 이런 정보 비대칭성을 이용한 알고리즘 지배에 대해 시민들은 알지도, 통제하지도 못하고 있다. 가장 큰 권력이 시민의 감시와 통제 아래 있지 않고 소수의 기술기업과 국가의 통제 아래 있다는 것은 민주주의를 심각하게 위협하는 요인이다.

시민의 길,
이디오테스의 길
시민적 통제를 받지 않고 있는 거대한 힘은 알고리즘의 구조를 아는 플랫폼 기업과 악용 세력 등 소수의 이익을 위해 쓰이고 있다. 얼굴 인식, CCTV, 위치정보 기술 등을 이용해 모든 시민을 식별하는 감시기술, 이용자의 성향과 취향을 이용해 중독적 사용을 유도하는 소셜미디어 설계, 경제적·정치적 목적으로 만들어지는 딥페이크 조작 정보 등이 사례의 일부다.

페이스북 부사장을 지낸 차마트 팔리하피티야Chamath Palihapitiya 는 2017년 페이스북을 "도파민에 의해 작동하는 단기 피드백 순환 고리short-term, dopamine-driven feedback loop"라고 규정하고 페이스북이 사회가 작동하는 방식을 파괴하는 도구라고 고백한 바 있다. 그는 "인지하지 못하지만 우리 행동은 프로그램되고 있다"고 말했다. 페이스북의 초기 투자자인 션 파커Sean Parker도 "페이스북과 소셜미디어는 인간의 심리적 취약점을 공략하는 방법으로 성공을 일구고 있다"고 비판했다.

아이러니다. 도구적 인간이 끝없이 효율과 편리를 추구한 결과,

더 강력하고 효율적인 도구를 갖게 되었지만 그에 대한 통제는 소수에게 넘어갔고 도구적 인간은 도구의 지배를 받는 종속적 처지가 되고 있다. 시민들의 교육기간이 늘어나고 정보화 도구가 편리해진 환경에서 도리어 허위·왜곡 정보의 파급력과 영향력이 커지고 있는 현상도 유사한 아이러니다.

포스트휴먼 시대는 민주주의가 위협받는 시대이다. 이런 현상들의 배경에는 빠르게 발달하는 기술과 달리 인간의 본능과 인지능력은 거의 변화하지 않는다는 특징이 있다. 디지털과 인공지능 분야의 눈부신 기술 발전은 딥페이크와 같은 과거에 상상할 수 없던 도구와 현실을 만들어 내고 있다. 감각을 통해서 가짜와 진짜를 식별하는 것이 거의 불가능한 상황이다. 인간의 감정적 상호작용과 태도 변화가 소셜미디어를 통해 데이터화함에 따라, 기술을 이용해 인간의 심리적 취약점을 이용하는 세력도 출현하고 있다. 인공지능 기술로 진짜 같은 가짜를 손쉽게 만들어 내고 소셜미디어를 통해 이를 사실로 여겨지도록 조종하는 세력이 이미 현실에 영향을 끼치고 있다. 하지만 기술 변화에도 불구하고 인간의 인지적 본능과 능력은 단기간에 거의 변화하지 않는다. 아무리 포토샵과 딥페이크 동영상 기술이 손쉽게 가짜를 만들어 내는 환경에서도 인간의 시각 본능은 보이는 정보를 그대로 신뢰하도록 형성되어 있다. 인간이 '인지적 구두쇠cognitive miser' 속성을 지닌다는 것은 기술 발전과 도구의 개선에도 불구하고 새로운 정보와 사고방식을 받아들이기 꺼리고 과거의 습관과 관념 위주로 수용하고 행동한다는 것을 의미한다. 가짜뉴스를 유포하거나 소셜미디어에서 이용자의 생각을 조작하려는 시도는 이러한 기술과 인간의 인지 능력 격차를 이용하려는 행위이기도 하다.

그렇다면 포스트휴먼 시대에 위협당하는 민주주의 체제를 지켜 내기 위한 방법은 무엇일까? 출발점은 기술이 지배하고 영향력을 행사하는 현실에 대한 자각, 기술에 의해 우리 사회의 근간인 민주주의 체제와 그 전제가 위협당하고 있는 현실을 파악하는 것이다.

이는 자율성을 갖춘 인공지능 로봇이 인류 전체를 위협한다는 그릇된 상황 인식이 아니라, 다수의 이용자를 조종하고 착취할 수 있는 구조로 설계된 기술이 지닌 위험성을 파악하는 것이다. 이는 초지능의 인공지능을 걱정하는 먼 미래를 향한 공상과학적 상상이 아니라 현재의 인간과 사회 질서에 기술이 끼치는 현실적 힘과 영향을 어떻게 통제해야 할지에 대한 문제이다. 이를 위해서는 누가 복잡한 다기능의 첨단 기술을 이용해 개인과 사회 질서를 위협하고 동의받지 않은 방식으로 타인의 이익을 해치면서 자신의 이익을 추구하는지를 파악하고 드러내는 일이 요구된다. 기술의 편리함과 효율성에 가려져 있는 악용 가능성과 위험성을 함께 볼 때 사회가 기술을 제대로 통제할 수 있다. 개인과 사회에 지대한 힘을 행사하는 가장 거대하고 강력한 권력이 있다면 이는 사회 구성원 전체의 논의와 참여를 통해서 합리적이고 민주적으로 설정·관리되어야 한다. 이를 통제할 수 없다면 디지털 세계의 질서를 설계하고 운영하는 소수의 기술집단과 권력집단이 동의받지 않은 채 거대한 권력을 임의로 행사하는 결과를 낳는다.

바보idiot라는 말의 그리스 어원은 이디오테스idiotes다. 고대 그리스에서는 공적인 일에는 관심이 없고 사적인 일에만 관심을 쏟는 사람을 이디오테스, 즉 시민이 아닌 바보라고 지칭했다. 개인화된 미디어 환경은 어느 때보다 개인만의 관심사를 쫓아서 공공의 문제를 생각하지 않게 만드는 범사회적 이디오테스 상황을 유도하고 있다. 기술이 민주주의를 위협하는 이유다. 고대 그리스의 정치가 페리클레스Pericles는 "아테네에서 정치에 무관심한 사람은 시민으로서 쓸모없는 인간으로 여겨진다"라고 말했다. 민주주의를 유지하기 위해 필수적인 개념이다. "큰 권력에는 큰 책임이 따른다"는 볼테르Voltaire의 말처럼, 디지털과 인공지능이 개인과 사회에 지대한 영향력을 행사하는 포스트휴먼 사회에선 적극적인 시민적 감시와 참여가 요구되고 있다.

6장

기본소득

고용 없는
노동과
일의 재발명

김재희

●
○

아이히만과
알파고에게 없는 것

"나는 죄가 없다. 단 한 사람도 내 손으로 죽인 일이 없다. 유대인
이든 비유대인이든 누군가를 죽이라는 명령도 내린 적이 없다. 내
겐 그런 권한이 없기 때문이다. 나는 그저 시키는 일을 그대로 실
천한 관리였을 뿐이다. 나는 명령을 받고 명령에 충실히 따랐을
뿐이다."

1961년 예루살렘의 한 재판에서 피고인 오토 아돌프 아이히만
Otto Adolf Eichmann이 한 진술이다. 그는 나치 친위대 중령으로서 유대

1961년 6월 22일 이스라엘 재판장에서의 아이히만

인들을 아우슈비츠 수용소로 보내는 열차 이송의 최고 책임자였다. 그는 나치가 12년(1933~1945) 동안 자행한 유대인 대학살(홀로코스트)의 실무자였으나 2차 세계 대전 직후 도주하여 15년 동안 숨어 살다가 1960년 이스라엘 정보기관에 체포되어 1962년 교수형에 처해졌다.

한나 아렌트Hannah Arendt(1906~1975)는 아이히만의 이 재판에서 자신이 무슨 일을 하고 있는지 전혀 깨닫지 못하는 평범한 직장인의 얼굴로 나타난 '악의 평범성'을 발견한다. 아이히만은 수많은 유대인들을 학살의 현장으로 내몬 악마였지만 놀랍게도 매우 정상적이고 건전한 생각을 가진 한 가정의 평범한 가장이자 성실한 직장인이었던 것이다. 일상생활에서 특별히 비정상적이거나 부도덕하지 않았던 아이히만이 저지른 이 악행은 도대체 어디에 그 뿌리를 두고 있던 것일까? 아렌트는 이 재판의 참관 보고서『예루살렘의 아이히만』(1963)에서 자신이 하고 있는 일의 의미나 가치를 따져 보지 않고 주어진 절차와 명령에 아무 생각 없이 따르는 '무사유성'이야말로 악의 근원이었다고 분석한다. 아이히만은 재판 과정에서 관례적인 행정용어만 사용하면서 자신의 언어로 자신의 생각을 말하지 못하는 무능력뿐만 아니라 자신의 행동에 대해 타인의 관점에서 전혀 생각할 줄 모르는 무능력 또한 보여 주었기 때문이다. 아렌트의 분석은 이런 사유 무능력이 단지 나치 전범의 엄청난 악행을 산출하는 데 그치지 않을 수 있다는 점에서 충격적인 통찰을 던져 주었다.

생각하는 능력이 없음은 단순한 어리석음이 아니다. 알파고는 인간을 이길 정도로 바둑을 잘 둘 줄 안다. 그러나 알파고는 인간과의 대국에서 '나는 왜 이 바둑을 두어야만 하는가? 이 대국에서의 실패와 성공이 갖는 의미와 파장은 무엇인가? 인간을 이긴다면 그 이후엔 지겹도록 훈련한 바둑은 그만두고 다른 활동을 해볼까?' 고민하지도 따져 보지도 않는다. 아이히만은 이런 알파고와 같은 삶을 살았던 것이다. 군사행정 관료주의의 절대적인 명령 체계 안에서 마치 자동기계들이 정확하게 주어진 일을 처리하듯이! 그런데 디지털 네트워크 기술과 인공지능으로 스마트하게 자동화된 21세기의 평범한 노동 현장은 내가 무슨 일을 하고 있는지 아무런 관심도 비판도 고민도 하지 않는 사유 무능력의 지대가 아니라고 과연

장담할 수 있을까.

　오늘날 우리는 인간의 모든 활동을 '노동'이라고 부른다. 몸으로 움직이는 활동만이 아니라 머리로 연구하는 활동, 웃음으로 서비스하는 활동까지도 모조리 노동으로 환원시킨다. 계량화하기 어려운 정신적 활동이나 정서적인 활동도 시간 단위의 노동량으로 촘촘히 계산해서 임금으로 그 대가를 지불해야 하기 때문이다. 먹고 살기 위해서는 돈을 벌어야 하고, 돈을 벌기 위해서는 노동을 해야 하며, 노동을 하기 위해서는 어딘가에 고용되어야만 한다. 노동하지 않고 고용되지 않으면 살아갈 능력이 부족한 무능력자로 취급된다. 현대 사회는 명백히 임금노동과 고용 중심 사회인 것이다. 그런데 디지털 전환이라고 할 수 있는 4차 기술혁명과 더불어 화려하게 등장한 인공지능과 자동 로봇이 이 과포화된 노동 중심 사회의 근간을 빠르게 뒤흔들고 있다. 노동밖에 할 수 없게 된 인간들을 노동 밖으로 몰아내는 매우 심각한 변화가 일어나고 있는 것이다.

　2016년 세계경제포럼은 향후 5년간 약 510만 개의 일자리가 사라질 것이라 예측했고, 유엔미래보고서는 2045년이면 지금 일자리의 80퍼센트를 인공지능이 대신할 것이라고 전망했다. 2017년 컨설팅 기업 매킨지도 2030년까지 전 세계적으로 약 8억 명의 인구가 실업자가 될 것이라 보았고, OECD의 2019고용전망보고서도 OECD 회원국에서 전체 일자리의 45퍼센트가 자동화로 인해 사라질 것이라 내다보았다. 셀프 음식주문 기기가 식당 점원을 대신하고 모바일뱅킹이 은행원을 대체하고 있다. 자율주행자동차가 상용

화되면 택시 운전사와 트럭 운전사 대부분이 일자리를 잃게 될 것
이다. 콜센터 직원, 경비원, 경리사무원, 제품조립원, 시계수리공 등
단순 업무 종사자뿐만 아니라 회계사, 법률사무, 번역가, 기자, 아나
운서, 임상병리사, 화가, 작곡가 등 전문직 종사자도 예외가 아니다.
반복적이고 예측 가능한 업무, 아니 컴퓨팅 알고리즘으로 처리 가
능한 모든 일들이 향후 5년 혹은 10년 안에 인공지능 기계들로 대
체될 수 있다. 물론 낙관적 전망도 없는 것은 아니다. 간병, 간호, 육
아, 건강관리 등 자동기계에 맡기기 어렵고 인간의 섬세한 손길과
정서적 공감이 필요한 일들은 여전히 남아 있을 것이다. 또 앱 개발
자, 컴퓨터시스템 관리자, 정보보안 전문가, 데이터 수집-인증-삭

제원, 아바타 개발자, 인공장기 개발자, 머신러닝 전문가 등 기존에 없던 새로운 일자리도 창출될 수 있다. 초등학생 65퍼센트가 현재로서는 상상할 수 없는 전혀 새로운 일자리를 갖게 되리라는 전망이다. 인공지능과 자동화로 인한 일자리의 미래와 관련해서 낙관론과 비관론이 교차하고 있지만, 분명한 것은 지금과 같은 형태의 노동이나 고용은 더는 유지하기 어렵다는 것이다.

사실 인간의 노동을 대신할 수 있는 인공지능 기계들의 등장은 근본적으로 노동과 고용에 기반을 둔 인간 사회의 종말을 예고하는 것이자 포스트휴먼 사회의 도래를 선포하는 것이다. 포스트휴먼화는 다양한 신경생물학적, 물리적, 기계적 조치들로 심신 능력이 향상된 인간의 사이보그화 방향에서만이 아니라 이렇게 노동을 대신할 정도로 고도로 지능화하는 기계의 인간화 방향에서도 급속히 진행하고 있다. 인간과 기계가 포스트휴먼이라는 동일한 지점으로 수렴해 가고 있는 것이다. 결국 인간의 행위인지 기계의 행위인지 결과물만 봐서는 구분하기 어려운 지점에 이를 것이고, 포스트휴먼 사회는 인간만의 노동이 아니라 인간과 기계의 상호 협력적 작업에 기초할 수밖에 없을 것이다. 이런 관점에서 보자면, 인간과 기계를 여전히 노동을 둘러싸고 대립하는 관계로 보는 것은 적합하지 않다. 기계가 인간의 노동을 대신할 수 있다면, 인간의 일자리를 빼앗긴 것이 아니라 오히려 아이히만과 같은 알파고 인간이 더는 역사의 무대에 등장하지 않을 조건이 마련되는 것 아닐까? 지금이야말로 인간에게 노동이란 무엇인지, 인간은 왜 노동과 고용을 통해서만 삶을 영위해야 하는지, 노동이 아니라면 인간은 무엇을 할 수 있는지 근본적으로 다시 생각해 볼 기회다. 인간 사회의 지배적인 삶의 방식을 노동이라고 한다면, 포스트휴먼 사회의 삶의 방식은 아마도 '포스트노동post-labor', 즉 노동을 벗어난 노동 이후의 어떤 활동이라고 할 수 있다. 현재 몹시 흔들리고 있지만 아직은 완강한 노동 중심 사회 안에서, 포스트노동의 형태는 과연 어떻게 그려 볼 수 있을까?

아렌트,
인간은 노동하는 동물?

"인간의 모든 활동은 노동으로 환원되지 않는다."

우선, 인간의 활동을 모두 노동으로 간주하는 시각부터 버려야 한다. 아이히만의 사유 무능력을 간파했던 아렌트는 일찍이 『인간의 조건』(1958)에서 인간적 삶의 근본 조건을 노동labor, 작업work, 행위action의 세 가지로 구분한다. '노동'은 생명체로서의 인간이 생물학적인 삶을 유지하는 데 필수적인 활동이다. 음식을 먹어야만 목숨을 부지할 수 있기 때문에 어쩔 수 없이 음식을 장만해야 하는 것처럼, 매일 소비되지만 매일 반복해서 할 수밖에 없는 수고롭고 힘겨운 활동이 노동이다. 그런데 인간은 노동만 하며 살지 않는다. 그렇다면 인간은 다른 동물들과 다를 바가 없을 것이다. 인간은

한나 아렌트

노동 이외에 작업과 행위를 할 줄 안다. '작업'은 호모 파베르(도구 제작자)로서의 인간이 인공적인 생산물을 만들어 자신의 세계를 안 정적으로 구축하는 활동이다. 자연적으로 주어진 자기 주변을 동물 적 삶의 수준에 두지 않고 지속 가능하고 유의미한 생산물을 만들 어 문화적 세계로 꾸미는 것이다. 동물들은 먹이를 잡으면 그 자리 에서 바닥에 놓고 먹지만, 인간은 음식을 요리하여 식기에 담고 식 탁에 앉아서 도구를 사용해서 먹는다. 요리 도구, 식기, 식탁과 같은 작업의 생산물은 음식물처럼 일회적으로 소비되는 것이 아니라 지 속적인 사용 가능성을 지닌다. 그때그때 소비되는 노동 생산물들과 달리, 작업의 생산물들은 일상적으로 사용되면서 안정된 삶을 보장 할 뿐만 아니라 특별한 예술 작품들처럼 문화적 가치를 지니고 대

대손손 계승될 수도 있다. 작업이야말로 노동으로 환원될 수 없는 인간적 활동의 독특성과 창의성을 보여 주는 것이다. 마지막으로 '행위'는 사회적 존재로서의 인간이 복수의 다른 사람들과 어울려서 살아가는 데 필수적인 조건이다. 서로의 차이를 존중하는 공적 공간에서 말을 통해 서로의 차별화된 관점과 의견들을 주고받고 토론하면서 삶의 의미와 가치를 만들어 가는 활동. 즉 자연에는 존재하지 않고 오로지 인간들 사이에서만 존재할 수 있는 정치적 활동과 같은 것이 바로 행위에 해당한다. 아렌트에 따르면, 인간다운 활동의 고유성은 결국 노동에 있는 것이 아니라 노동을 넘어선 '작업'과 '행위'에 있다.

그런데 언제부터 우리는 예술가의 작업도 정치적 행위도 모두 다 노동으로 바라보게 되었을까? 아렌트에 의하면, 그것은 산업혁명 이후 자동화된 공장 시스템을 갖춘 근대 산업사회의 생산양식이 인간의 활동을 노동으로 집약시키는 데 성공하면서부터다. 산업화가 발달할수록 지속 가능한 가치를 창출하는 예술적 '작업'도 차이와 다양성으로부터 공적 의미를 길어 내는 자유로운 토론 '행위'도 소비품을 대량 생산하는 '노동' 앞에서 점차 그 의미를 잃어 버리게 된다. 인간 활동의 모든 결과물은 노동 생산물과 마찬가지로 교환가치나 시장가치로 계산된다. 지속성과 항구성을 갖는 사물들의 절대적 가치도 일회용 상품처럼 소비된다. 한번 만든 가구나 식기는 오래 사용할 수 있음에도 빨리 버리고 다른 것을 사서 쓰는 방식이 만연해지는 것이다. 시장 경쟁력이 얼마나 있는지, 생산성과 이익이 얼마나 창출되는지, 인간 활동의 모든 가치가 경제 논리에 매몰된다. 근대 산업사회의 노동중심주의는 사고방식과 삶의 태도를 자동화된 기계 생산체제에 맞추게 함으로써 아이히만과 같은 사유 무능력의 노동자들을 양산한다. '작업'과 '행위'가 해체되다 보니, 노동으로부터 해방된 여가 시간에도 고작 다음 노동을 위한 개인적 휴식을 취할 뿐이다. 반면 고대 그리스 도시국가의 자유인들은 노예들의 노동을 토대로 얻게 된 자유 시간을 공론장에서의 정치적 행위를 하는 데 사용했다. 그들의 관점에서는 노동하지 않으면 무능력자가 되는 것이 아니라 오히려 진정한 인간이 되는 것이었다.

아렌트의 통찰에 따르면, 오늘날 우리가 노동 아니면 휴식이라거나 고용 아니면 실업이라는 양자택일 속에서 소비대상을 생산하는 노동만이 인간적 활동의 전부인 양 생각하게 된 것은, 인간의 타고난 본성에 근거한 것이 아니라, 근대 산업사회의 노동중심주의에서 비롯한 것이다. 따라서 포스트휴먼 사회에서 우리는 아마도, 알파고와 같은 아이히만이 되지 않도록, 노동으로 환원되지 않는 작업 능력과 행위 능력을 되찾아야 할 것이다. 인공지능 기계가 할 수 있는 노동을 넘어서, 또 인공지능 기계가 할 수 없는 사유 능력과 공감 능력을 토대로, 포스트노동은 지속 가능한 가치를 창조하는 작업과 공적 공간에서 토론할 수 있는 정치적 행위를 담아 내야 할 것이다.

시몽동,
기술은 노동의 도구?

"노동보다 기술적 활동이 더 근본적인 인간의 존재 양식이다."

포스트노동을 사유하기 위해서는 무엇보다 기술을 다시 생각해야 한다. 통상 기술은 노동의 하위 범주로 간주되어 왔다. 기술적 대상들은 더 수월한 노동을 위해 필요한 도구들에 지나지 않았다. 그러나 포스트휴먼 사회는 인간만큼이나 또는 인간보다 더 탁월한 능력을 가진 기계들이 인간의 노동을 대신하는 사회다. 기술적 대상들은 노동하는 인간의 손안에서 더는 통제되지 않는다. 인공지능 기계들이 도구나 연장 수준을 넘어서 노동을 주도하고 오히려 인간이 기계의 노동을 돕는 상호 협력적 동반자 역할을 한다. 따라서 포스트휴먼 사회에서는 기존의 인간노동을 중심에 두는 관점에서는 잘 드러나지 않았던 기술의 역량과 기술적 대상들의 존재 방식에 대한 새로운 이해가 필요하다.

질베르 시몽동Gilbert Simondon(1924~1989)은 『기술적 대상들의 존재 양식에 대하여』(1958)에서 노동으로 환원될 수 없는 기술의 본래적 모습을 밝혀 낸다. 그에 따르면, '기술'이란 인간이 자신을 둘러싼 세계와 관계 맺는 근본적인 존재 방식이다. 마이크로폰이 입력된 약한 음성신호를 크게 증폭하여 출력함으로써 강연자와 청중을 연결하듯이, 기술적 대상은 다양한 종류의 입력 에너지를

질베르 시몽동

다른 형태의 출력 에너지로 변환하는 기능을 통해 이질적인 것들을 서로 관계 짓고 소통시키는 매개 역할을 한다. 인간은 항상 이러한 기술적 대상들과 더불어 기술적 대상들이 매개하는 세계 안에서 살아간다. 인간 사회의 문화적 양태도 당연히 기술적 대상들이 창출하는 관계와 소통 방식에 따라 달라진다. 스마트폰을 사용하는 요즘과 손 편지를 쓰던 시절을 비교해 보면, 공간적 한계를 넘어서 전지구적 공동체가 실시간으로 연결되어 있는 현재의 인간관계와 소통 역량은 산과 강에 막혀 협소한 지역 공동체에 머물 수밖에 없었던 과거의 수준과 비교할 수 없을 정도로 확장되었다.

시몽동은 '노동'을 이런 기술의 발전 과정 중 특정 시기에 두드러졌던 하나의 양상으로 축소한다. 기술 발달이 아직 연장이나 도구 수준에 머물러 있어서 기술적 대상들이 스스로 움직일 수 없었을 때, 그래서 인간이 직접 들고 움직이며 그것들에게 동력을 제공할 수밖에 없었을 때 하던 활동을 노동이라고 보는 것이다. 따라서 자동화된 기계들이 인간의 노동력 없이도 스스로 작업할 수 있게 되었다면 인간이 굳이 그런 노동을 고집할 필요가 없다는 것이다. 시몽동은 노동보다 더 근본적이고 노동 자체를 포괄하는 더 큰 범주가 기술적 활동이라고 주장한다. 망치든 스마트폰이든 모든 수준에서 기술적 대상들을 발명하고 수리하고·개선하고 관리하는 활동의 총체가 바로 기술적 활동이다. 기술적 활동은 기계들을 사용하는 노동에 그치는 것이 아니다. 기계들의 작동 방식 및 기계들이 다른 기계들과 맺는 관계에 대한 세심한 주의와 이해, 기계들의 작동에 요구되는 자연적·기술적·인간적 조건들에 대한 다각적 인식 등 상당한 범위에서 앎의 능력도 포함하는 것이다.

따라서 시몽동은 자동화된 기계들이 노동을 대체하는 것이 인간 소외의 원인이라고 보지 않는다. 산업혁명 시기, 기계들이 인간의 일자리를 빼앗는다고 기계들을 부수었던 러다이트 운동(1811)도 사실은 노동 패러다임에 갇혀 있던 인간이, 기술의 진화를 제대로 이해하지 못하고, 발전한 기술적 대상들과의 적합한 관계 방식을 찾지 못해서 일어난 사건으로 그는 이해한다. 장인이 자신의 연장들을 손에 쥐고 작업할 때. 즉 노동할 때, 느꼈던 인간과 기술적 대상 사이의 일체감은 그 연장들이 자동화된 기계로 발전하게 되자 부서진다. 마치 심리생리학적으로 연속적이었던 내 품 안의 자식이 다 자란 성인이 되어 자립하게 되었을 때 부모들이 느끼는 서운함처럼, 자신의 손을 떠난 자동기계들 앞에서 인간은 소외감을 느낀다. 이런 소외감은 기술적 대상들을 생산수단으로 소유한다고 해서 사라지는 것이 아니다. 성인이 된 자식과 부모가 예전과는 다른 방식으로 관계를 회복하는 것이 자연스럽듯이, 자동화된 기계들과 인간도 다른 방식의 관계로 부서진 연속성을 회복해야 하는 것이다. 다시 말해 노동 소외의 문제는 기술의 자동화 그 자체에 있는 것이 아니라 기술성의 발달 수준에 맞추어 인간과 기술의 적합한 관계 방식을 찾아내는 것에 그 해법이 있다.

시몽동에 따르면, 자동화는 그 자체로 기술성의 궁극 목표가 아니다. 외부의 어떤 도움도 요구하지 않는 닫힌 시스템으로서의 자동화는 근본적으로 불가능하다. 기술의 본질은 이질적인 것들을 서로 소통시키는 매개적 역량에 있으며, 자동화된 기계들도 외부로부터 정보를 수용하여 자기 작동을 조절해야 하는 열린 시스템이다. 인간이 기계들을 매개로 외부 세계와 소통하고 관계 맺듯이, 기계들도 인간을 매개로 다른 기계들과 관계 맺을 수밖에 없다. 따라서 인간과 자동기계의 관계는 노동이 함축하는 주인과 도구의 위계적 관계가 아니라 공동의 문제를 해결하기 위해 상호 협력적으로 작업하는 기술적 활동 안에서 수평적 관계로 이해되어야 한다.

시몽동은 정보기술의 등장과 더불어 본격화된 자동화 시대에는 노동이 아니라 기술적 활동이 지배적인 인간의 일이 될 것이라 전망했다. 네비게이터와 운전자가 서로의 정보를 공유하며 함께 길을 찾아 나가듯이, 기술적 활동 안에서는 인간과 기계가 차별 없는 상호 협력적 동반자로 만난다. 기술적 활동 안에서는 장인의 직관적 인식과 엔지니어의 과학적 인식도 단절이나 차별 없이 소통된다. 기술적 활동의 관점에서는 기계들의 부품을 갈고 기름칠을 하며 기계를 보조하는 사람이나 기계들 사이의 관계를 조절하고 관리하며 기계집단을 경영하는 사람이나 위계적 차별 없이 다 중요하다. 기술적 활동이 가장 고려하는 것은, 그 활동 결과물의 기능적 작동이 잘 수행될 수 있도록, 구성 요소들 사이의, 부분들과 전체 사이의, 내부와 외부 사이의 관계를 조절하면서 원활한 소통을 가능하게 하는 것이기 때문이다.

노동으로 환원되지 않는 시몽동의 이와 같은 기술적 활동 개념은 인간과 기계가 상호 협력적으로 작업하는 포스트노동의 가장 긍정적 형태를 보여 준다. 포스트휴먼은 아마도 노동하기 위해 기계와 경쟁할 것이 아니라, 기계들과 더불어 기술적 활동을 하면서 그들을 매개로 서로 소통하는 수평적 관계의 포스트노동 사회를 만들어 가야 하지 않을까.

스티글레르, 고용의 종말은 일의 부활!

"고용의 종말은 곧 일의 부활이다."

무엇보다 포스트노동은 고용을 넘어서 진정한 일이 될 수 있어

베르나르 스티글레르

야 한다. 베르나르 스티글레르Bernard Stiegler(1952~)는 『고용은 끝났다, 일이여 오라!』(2015)에서 노동으로부터 '고용'과 '일'을 구분한다. 통상 노동은 보수와 상관없이 자신이 할 수 있는 '일'의 의미도 담고 있지만, 동시에 그 일의 가치를 임금으로 계산해야 하는 '고용'의 현실과 분리될 수 없는 것이기도 하다. 그러나 '일'과 '고용'은 엄연히 다르다. '일'이라는 것은 보수를 받든 안 받든 나의 고유성과 독특성을 실현하는 활동이면서, 동시에 나의 활동을 통해 내 주변의 동료들이나 일반 시민들과 같은 다른 사람들의 고유한 삶을 실현하는 데도 이바지할 수 있는 활동을 말한다. 반면 '고용'은 단지 노동자들이 급여를 받는 활동일 뿐이다. 고용을 통해서 진정한 일을 실현할 수도 있지만 그런 경우는 매우 드문 것이 현실이다. 현대인들 대부분이 돈을 벌기 위해 고용되어 하는 일과 돈이 되지 않는 진짜 자기 일을 구분하고 있다.

스티글레르의 진단에 따르면, 현대 사회는 노동 중심 사회를 넘어서 고용 중심 사회로 이행했다. '인간은 모름지기 노동을 해야 인간답게 살 수 있다'는 것에서 '인간은 고용이 되어야만 살아갈 수 있다'는 것으로 삶의 패러다임이 바뀌면서 노동에 담긴 순수한 '일'의 의미마저 해체되고 있다. 아이러니하게도 고용 중심 사회는 완전 고용을 통해 모두에게 안정적인 삶의 터전을 보장해 주는 방향이 아니라 오히려 모두를 프롤레타리아화하면서 궁핍함을 강화하는 방향으로 가고 있다. 아렌트가 주목했던 근대의 노동 중심 사회가 생물학적 생존을 위해 노동하는 동물로 인간적 삶의 가치를 떨어뜨렸다면, 현대의 고용 중심 사회는 노동 그 자체도 아닌 상품 소비를 위해 돈을 분배받고자 하는 소비 동물로 인간적 삶의 가치를 더욱 떨어뜨리고 있다. 소비 동물이 된 현대인들은 각자의 개성과 고유한 욕망에 따라 자신과 타인의 삶에 기여하는 긍정적이고 생산적인 '일'을 하는 것이 아니라, 고도 산업화된 자본과 매스미디어에 의해 충동화된 소비 욕구를 충족시키기 위해 어쩔 수 없이 고용된 노동을 할 뿐이다. 고용된 노동은 자신이 하고 있는 일이 무엇이며 어떤 의미와 가치가 있는지 관심도 이해도 없는 아이히만과 같은 '무사유 노동자'를 양산하며 '무관심의 경제'를 구축한다. 무관심의 경제란 경제 주체인 개인들이 그들이 속한 공동체에 아무런 관심도 기울이지 않고 공동체로부터의 보호나 관심도 전혀 기대하지 않는, 한마디로 '각자 도생'의 경제 시스템이라고 할 수 있다.

이러한 무관심의 경제는 기술자동화와 맞물려 더욱 냉혹하게 작동한다. 스티글레르의『자동화 사회』(2015)에 따르면, 자동화에 기반한 고용 사회의 노동자들은 근본적인 '앎'의 능력조차 박탈당한다. 인터넷과 스마트폰만 들여다보면서 아무하고도 소통하지 않고 '클릭'밖에 하지 않는 사람들은 무언가를 스스로 만들어 '할 줄 앎'도 모르고 성취의 기쁨을 나누면서 함께 '살아갈 줄 앎'도 모른다. GAFA(구글, 애플, 페이스북, 아마존)로 대표되는 디지털 테크놀로지의 완전 자동화 시스템이 압도적 다수를 이런 바보로 만들어 정신적 궁핍 상태에 이르게 하고 있다. 가령 인터넷서점 알라딘이나 아마존에서 책을 한 권 사면 다음에 내가 무슨 책을 사면 좋을지 맞춤형 책 목록이 제시된다. 구글에 겨울방학 여행지를 한두 군데 검색하면 다음에 내가 가면 좋을 추천 여행 상품들이 배너로 뜬다. 그들이 나의 욕망을 인도하고 나의 소비를 지도하며 나의 삶의 방향을 제시한다. 내가 무엇을 하고 싶은지, 하고 싶은 그 일을 어떻게 해야 하는지, 그 일의 의미와 가치가 무엇인지, 다른 사람들에게 어떤 기여를 할 수 있는지 내가 스스로 생각하고 판단할 수 있는 여지를 주지 않는다. 소비 자본주의와 결합된 디지털 자동화 기술은 사용자 맞춤형 광고 기법과 행위 유발형 마케팅으로 우리 모두를 아무 생각 없는 자가 소비 기계로 만들고 있다. 내 정보로 데이터를 만들고 그 데이터를 다시 내가 소비하는 네트워크 시스템 안에서 그 시스템을 구성하는 하나의 기능적 요소에 불과한 존재. 스티글레르는 이런 자동화 사회의 지배원리를 '알고리즘 통치성'이라고 부른다. 알고리즘은 기계의 정보처리 절차이다. 알고리즘이 통치한다는 것은 인간의 모든 행위방식이나 사고방식을 컴퓨터의 논리에 맞춘다는 것이다. 자동화, 전산화 할 수 없는 모든 것이 무가치하고 불필요한 것으로 버려진다. 예루살렘의 아이히만이 획일화된 행정 관료주의 안에서 사유 능력을 잃어 버렸던 것처럼, 자동화 사회의 프롤레타리아들도 자신의 삶을 스스로 운영할 수 있는 앎의 능력을 잃어 버린다.

스티글레르는 지금 불어닥치고 있는 고용의 위기가 바로 이런 '무관심의 경제체제-고용 중심 사회-자동화 사회'를 해체할 수 있는 절호의 기회라고 본다. 지금까지의 노동은 고용에 종속되어 있었기 때문에 진정한 의미에서 일이 아니었다. 고용의 종말은 오히려 고용에 종속되었던 진정한 일의 가치를 되찾고 잃어 버렸던 일의 역량을 회복하는 계기가 될 수 있다. 다양한 자동기계들과 사라지는 일자리를 두고 정면 대결할 것이 아니라, 노동자들을 지배하고 그들의 능력과 지성을 박탈하는 착취와는 정반대되는 진정한 일, 기계는 물론 인간 존재와도 함께 잘 지낼 수 있게 해주는 진정한 일이 새로이 탄생할 수 있도록, 고용의 점진적 소멸을 받아들이자는 것이다.

그렇다면 고용을 넘어서 진정한 일을 재발명하는 것은 어떻게 가능한가? 스티글레르는 알고리즘 통치성에 지배되는 '정신의 자동화'에 저항할 수 있는 비판적 사고력과 앎의 능력을 키우고, 무관심의 경제를 '기여경제'로 전환할 수 있는 정치경제적 토대를 마련하기 위해 노력해야 한다고 주장한다.

프롤레타리아화가 자동화에 기반한다면, 탈-프롤레타리아화는 탈-자동화에 기초한다. 탈-자동화는 자동화 이전으로의 회귀가 아니라 오히려 자동화를 적극적으로 활용하는 것이다. 스티글레르는 시몽동과 마찬가지로 자동화 기술 자체가 문제가 아니라 자동화 기술의 독성을 치료약으로 전환하는 것이 중요하다고 본다. 가령 '일'을 한다는 것은 습득한 자동성을 바탕으로 창조적인 능력을 발휘하는 것이다. 씻고 먹고 입고 자는 가장 기본적인 행위들이 습관적으로 자동화되어야 더 주의를 기울여 생각해야 하는 다음 단계의 어떤 일을 할 수 있는 것이다. 인류 진화의 역사도 마찬가지다. 자동화 영역을 점차 확장해 가면서 그것을 토대로 새로운 가능성들을 발명해 냄으로써 지금까지 발전해 온 것이다. 자동화 사회의 고용은 주어진 알고리즘에 맞추어 기계적으로 일을 하게 한다. 일하는 사람이 스스로 생각하고 판단할 여지를 주지 않는다. 이런 고용을 벗어나서 진정한 일을 한다는 것은, 자동화 기술을 토대로 하되 자동화할 수 없는 어떤 작업, 생각하고 판단하고 주의를 기울일 수밖에 없는, 탈-자동화의 창의적인 무언가를 한다는 것이다.

포스트노동의 가능성은 바로 여기에 있다. 고용 중심 자동화 체제에 대한 비판적 사유를 놓지 않으면서 동시에 기술의 자동성을 활용하여 새로운 것을 창조할 줄 아는 탈-자동화 역량을 갖추는 것이다.

기여소득 또는 기본소득,
진정한 일의 가능성

고용이 사라지고 임금노동이 불가능해진다면 어떻게 돈을 분배할 것인가? 스티글레르는 실업을 없애는 가장 좋은 해결책이 바로 고용을 없애는 것이라고 주장한다. 그는 향후 10년 내에 냉혹하게 불어닥칠 고용 한파야말로 '무관심의 경제'에서 '기여경제'로 경제체제를 바꾸어야 할 필연성을 뒷받침해 준다고 본다. 사용가치나 교환가치보다 실용가치를 창출하자는 것이다. '실용가치'는 시장에서 일회적인 상품으로 소비되는 '노동' 생산물에 붙는 것이 아니라, 지속적으로 공유되고 확산되고 계승되면서 더 나은 가치들을 창출할 수 있는 '일'의 생산물에 붙는 것이다. '무관심의 경제'가 경쟁과 소비를 가속화하고 냉혹한 자본 논리 외에 나와 타인의 삶에 대한 어떠한 관심도 없는 체제라면, '기여경제'는 자신의 앎을 나누고 그 혜택을 함께 누리면서 더불어 살아가는 삶을 지향하는 체제다. 기여경제 안에서는 고용과 임금노동으로 살아가는 것이 아니라 실용가치를 창출하는 일과 기여소득으로 살아간다. '기여소득'은 실용가치를 창출하는 일, 즉 자신의 잠재성을 실현하여 사회적으로 가치 있는 앎의 형태를 발명하는 사람들에게 지급되는 소득이다. 가령 프리웨어는 모든 사용자들에게 그 사용과 연구, 수정, 복제, 배포가 기술적, 법적으로 허용되어 있는 소프트웨어다. 이 개방된 소프트웨어는 모든 사람들의 기여에 의해 지속 보완됨으로써 사용자 모두의 앎을 발전시키는 데 기여한다. 이런 프리웨어 개발자들에게 또는 새로운 문화적 가치를 창조하는 비정규직 예술인들에게 기여소득 지급이 가능할 것이다. 기여소득은 임금이나 실업 수당이 아닌 방식으로, 다시 말해 고용이 아닌 일의 관점에서 부를 분배하는 방식이다.

고용 경쟁에 떠밀리지 않고 자신의 잠재력 발굴을 통해 자신의 일을 찾을 수 있는 기회를 제공한다는 점에서는 스티글레르가 제안한 기여소득만이 아니라 현재 논의되고 있는 기본소득도 고려할 수 있다. 기본소득은 "국가나 정치공동체가 개인에게 심사나 조건 없이 정기적으로 지급하는 생활비"(기본소득지구네트워크)를 의미한다. 노동해서 스스로 먹고살 능력이 없는 사람들에게 선별적으로 지급하는 생계보조금과 달리, 기본소득은 노동 능력이 있건 없건, 재산이 많든 적든, 누구에게나 동일하게 아무런 조건 없이 정기적으로 지급한다. 북미 서비스노동조합의 조합장이었던 앤디 스턴Andy Stern은 『노동의 미래와 기본소득』(2016)에서 고용의 종말에 대처하는 해결책으로 기본소득을 제시한다. 그에 따르면, 기본소득은 선별적 복지정책의 문제(복잡한 절차, 사각지대, 자존감 위축 등)를 해결하고, 노동자들에게 더 큰 자유와 선택지를 제공할 뿐만 아니라, 빈곤 감소 및 불평등 완화에 소비 진작 효과까지 여러 장점을 갖고 있다. 2019년 10월 우리나라를 비롯해 전 세계 26개국에서 기본소득 실시를 공론화하는 '국제 기본소득 행진'이 있었다. 특히 같은 시기 국내 민간연구소 〈LAB2050〉은 새로운 세금을 걷지 않고 기존의 세제稅制 수정만으로도 모든 국민에게 월 30만 원 기본소득 지급이 2년 안에 가능하다는 연구 결과를 발표하기도 했다.

국가	시기	내용
네덜란드 위트레흐트시	2017년 5월~	사회보장급여 받고 있는 600~900명 대상으로 매달 현금으로 개인 또는 부부에게 지급, 960유로를 받는 집단 등 6가지 모델로 구성
미국 알래스카주	1982년~	1976년 석유 수입에 근거한 알래스카 영구기금을 설치, 1982년부터 영구기금 수입으로 모든 주민에게 1년 1회 배당 (1,000~3,000달러)
핀란드 중앙정부	2017~2018년	장기실업자(25~28세) 2,000명을 대상으로 월 560유로로 지급하는 실험 진행
캐나다 온타리오주	2017년 7월~ 2018년 8월	18~65세 빈곤층 주민 4,000명에게 3년간 매달 1,320캐나다달러 지급
스페인 바르셀로나	2017년 12월~	시 정부가 참가자 950명에게 매달 1,000유로 내외 지급. 지급액 일부 블록체인 기반 지역화폐로 지급.

기본소득 해외사례

알래스카주 영구기금 주민배당 지급 추이(1982~2019)

영구기금 1인당 배당금 총액(1982~2019): 4만 4,427.41달러

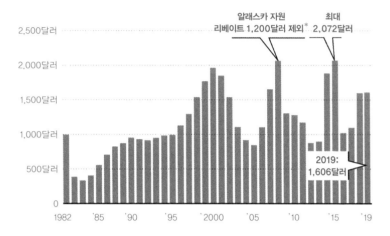

* 실제 2008년 배당금은 주가 추가로 지급한 일회적 보상금 1,200달러를 포함하면 3,269달러였음.

기본소득의 이상理想에 가까운 사례 중 하나는 미국 알래스카 주에서 1982년부터 시행해 온 '알래스카 주민배당금'을 들 수 있다. 알래스카주는 노스슬로프 유전에서 나오는 이익금을 주 정부가 아이부터 어른까지 모든 주민들에게 똑같이 나누어 1년에 한 번씩 배당한다. 2019년도에는 알래스카 주민 1인당 1,606달러(약 186 만 원)를 배당받았다고 한다. '아니, 일도 하지 않고 공짜로 돈을 받다니? 공짜 돈이니 얼마나 흥청망청 쓸까?' 염려하는 사람들이 놓치고 있는 것은, 바로 알래스카의 땅과 땅 밑 유전이 알래스카 주민 모두의 것이라는 '공유부'에 대한 인식이 그 기본배당금의 근거라

는 점이다. 기본소득은 노동이나 고용에 따라 부를 분배하는 것이 아니라 공동의 자산은 함께 나누어 갖는 것이 정당하다는 인식에 기초한다. 공유부를 어떻게 설정하느냐에 따라 기본소득 재원 마련도 다양해질 수 있다. 가령 우리 모두가 숨 쉬고 있는 공동의 대기 환경을 오염시킨 기업에게 환경세를 걷거나, 스마트폰으로 우리가 매일 하고 있는 데이터 활동이 플랫폼 기업들의 수익으로 전환되고 있는 만큼 사용자 데이터의 활용에 대한 정보세를 받는 것도 생각해 볼 수 있다.

그러나 진정한 의미에서 포스트노동이 가능하기 위해선, 자동화로 인한 실업자들의 최저생계 유지와 빈곤 범죄 예방을 위한 정도가 아니라 평균 수준의 안정된 소득이 보장될 수 있는 보편적 기본소득이 뒷받침되어야 한다. 그래서 스티글레르는 기본소득보다 기여소득이 궁극적 지향점이 되어야 한다고 강조한다.

'오티움'과
'스콜레'의 삶을 꿈꾸며

포스트노동의 관점에서 본다면 기여소득과 기본소득의 가장 중요한 의미는 고용을 벗어나서 진정한 일을 할 수 있는 토대를 마련해 준다는 데 있다. 고용 사회는 자신이 하고 싶은 일을 찾고 개발할 수 있는 여유를 주지 않는다. 나의 과거와 현재와 미래를 꿰뚫어 사유할 수 있는 시간이 있어야 자신의 잠재력을 발굴하고 자신의 일을 발명할 수 있다. 스티글레르는 자동화된 기계들로 인해 노동으로부터 해방된 시간이 다음 노동을 위한 단순 휴식이나 실업 상태에 불과한 것이 아니라, 진정한 의미에서의 여가 즉 '오티움otium'이나 '스콜레schole'가 될 수 있어야 한다고 주장한다. 오티움은 라틴어로 유유자적, 책을 읽고 사색하고 글을 쓰며 평화롭게 대화를 나눌 수 있는 품격 있는 여가를 의미한다. 스콜레는 학교school의 어원으로서 일하지 않고 한가하게 공부하는 것을 뜻한다. 자동화된 기술 시스템을 토대로 노동에서 해방되면, 문화적 유산의 상속과 새로운 가치 생산을 할 수 있도록, 사색하고 공부하는 오티움과 스콜레의 진정한 여가가 허용되어야 하는 것이다. 그러니까 포스트노동은 아마도, 고용노동으로부터 해방된 시간을 토대로, 사용할 줄 앎, 생각할 줄 앎, 실용가치를 창출할 줄 앎, 성취의 기쁨을 나누면서 함께 살아갈 줄 앎의 역량을 자유롭게 실현하는 활동이 되지 않을까?

포스트휴먼화는 아직 완결되지 않았고 현재 진행 중이다. 포스트노동의 형태도 아직은 분명하지 않으며 다만 기대해 볼 수 있을 뿐이다. 완전 자동화를 토대로 임금노동에서 벗어나서 자유롭게 자기 일을 하는 포스트노동은 과연 유토피아적 이상에 그치지 않고 실현될 수 있을까? 현 단계 기술 자동화는 기계의 노동을 보조하는 비정규직 노동, 초단기 아르바이트, 플랫폼 배달노동 등 노동을 넘어선 포스트노동이 아니라 오히려 노동 이하의 노동을 확산시키고 있는 실정이다. 이러한 불안정한 노동과 고용 위기는 사실 자동화 기술 그 자체만이 아니라 만성적인 경기 침체를 이겨 내지 못하는 자본주의 경제체제에도 원인이 있음을 고려해야 할 것이다. 분명한 것은 인간노동을 대신하는 자동기계들의 등장이 결국 노동 중심 사회로부터 포스트노동 중심 사회로의 이행을 촉구할 것이라는 점이다. 포스트휴먼 사회는 저절로 도래하지 않는다. 노동과 고용 패러다임을 벗어나서 바람직한 포스트노동의 가능성을 그려 보는 것부터가 포스트휴먼 사회를 만들어 가는 변화의 시작일 것이다.

3부

흔들리는
세계

7장

마이크로워크

AI 뒤에 숨은 인간,
불평등의
알고리즘

하대청

●
○

마법이 된

기술　"오케이 구글, 좋은 아침!" 매일 아침 나는 연구실에 들어
서며 아무도 없는 허공에 대고 이렇게 인사한다. "안녕하세요, 대청
님. 오전 8시 52분입니다. 현재 광주광역시의 기온은 5도이며 곳에
따라 구름이 끼어 있습니다. 오늘 예상 최고기온은 11도이고 최저
기온은 1도입니다. 오늘 오후 4시에는 융합강의 기획회의가 있습니
다. 멋진 하루 보내세요." 손바닥만 한 스피커는 오늘도 변함없이 날
씨와 주요 일정을 알려 준다. "오케이 구글, 시냇물 소리 들려줘"라고
말하자 스피커는 백색 소음을 내며 업무에 집중할 수 있도록 도와
준다. 종종 엉뚱한 대답으로 헛웃음을 짓게 하고 또박또박 끊어서
말하지 않으면 응답이 없지만, 구글 스피커는 나름 충실한 비서 노

롯을 한다.

인공지능은 이미 우리의 일상 속에 빠르게 스며들었다. 데이터를 수집하는 비용이 줄어들고 컴퓨터 하드웨어 성능이 좋아지면서 우리 삶 곳곳에서 쓰이고 있다. 인터넷 포털 검색창에 검색어를 입력하고 결과를 볼 때, 넷플릭스에서 추천 동영상이 소개될 때, 소셜미디어 뉴스피드에 새로운 뉴스가 올라올 때 인공지능이 작동한다. 제조업, 유통, 광고, 농업 등 다량의 데이터를 이용해 최적화된 결정을 내려야 하는 거의 모든 곳에 인공지능이 일하고 있다.

"충분히 발달한 기술은 마법과 구분될 수 없다." 고전으로 인정받는 영화 〈2001 스페이스 오디세이〉의 원작자인 SF 작가 아서 C. 클라크Arthur C. Clark가 한 말이다. 클라크는 미래 예측에 관한 법칙들 중 하나로 이 말을 했다. 과학적 원리에 기초한 기술은 마법이나 주술과 상반될 것 같지만, 최신의 인공지능 제품들을 대할 때면 부쩍 수긍이 간다. 구글 스피커 내부가 어떤 모습인지, 넷플릭스의 추천 알고리즘이 어떻게 작동하는지 모르는 입장에선 인공지능은 신비한 힘을 가진 마법처럼 느껴지기 때문이다. 알고리즘은 귀신같이 내가 원하는 동영상을 소개해 주고 이세돌을 좌절하게 하는 바둑의 묘수를 찾아낸다. 우리는 주술이 사라지고 과학이 지배하는 근대 세계를 살아가고 있지만, 이제 인공지능을 주술이나 마법으로 여기는지도 모른다.

마법이 된 기술은 편리한 세계만 약속하는 것이 아니다. 우리의 기대와 불안이 뒤섞인 미래에 대한 상상을 끊임없이 현재로 불

《뉴요커》의 2017년 한 표지는
인공지능이 가져올 두려운 미래를
묘사하고 있다.

러낸다. 인공지능에 희망을 거는 이들은 이들대로, 두려움을 갖는 이들은 이들대로 기술로 현실이 될 미래를 그려 낸다. 이런 상상의 미래 중에 가장 눈에 띄는 것이 인공지능 때문에 우리 인간이 필요 없어진다는 시나리오이다. 미국의 저명한 주간지《뉴요커The New Yorker》는 표지 일러스트로 유명한데, 2017년의 한 표지는 그런 두려움을 묘사하고 있다. 가방과 커피를 들고 바쁘게 걷는 로봇들 사이로 이들에게 구걸하며 인도에 앉아 있는 인간. 인간이 더는 필요 없어진 세계 혹은 인공지능이 인간을 대신하면서 인간노동이 사라진 세계. 이 글은 이런 세계가 어떤 모습일지 논평하지 않는 대신 인공지능이 실제로 어떻게 작동하는지 들여다보려 한다. 주술에서 벗어나려면 인공지능의 내부로 들어가는 방법이 가장 확실하다. 인공지능이라는 블랙박스를 열면 그 속에는 아마 서로 뒤얽힌 인간과 기술이 있을 것이다. 이 뒤얽힌 매듭을 풀어 나간 후에 이 기술이 인간 사회와 인간노동에 미치는 영향을 가늠해 볼 것이다. 과연 인간노동이 사라진 세계가 만들어질까? 불평등한 세계가 새롭게 도래할까? 아니면 익숙한 우리 세계를 다시 발견하게 될까?

인공지능을

도와주는 인간　　　현재 인공지능이 가장 뛰어난 능력을 발휘하고 있는 영역은 영상인식과 음성인식이다. 인공지능은 이미지를 읽고 캡션을 자동 생성한다. 미묘하게 다른 사람들의 얼굴을 구분하고 목적지를 말하면 알아듣고 길을 안내한다. 인공지능 연구와 개발의 긴 역사에서 비춰 보면 이는 정말 놀라운 성취이지만, 이제는 누구나 일상에서 경험하는 일이 되었다. 예를 들어, 강아지와 고양이 얼굴을 구분하는 규칙을 말해 달라는 요청에 응해 보면 이것이 얼마나 어려운 일인지 알 수 있다. 우리 인간은 단번에 고양이 얼굴과 강아지 얼굴을 구분해 내지만, 두 동물의 특징적인 얼굴 패턴을 찾아내기는 쉽지 않다. 얼굴 윤곽, 눈 사이의 거리, 코의 길이, 코와 눈 사이의 각도 등 어느 규칙을 들이대도 강아지와 구분되는 고양이의 다양한 얼굴 패턴을 모두 설명해 낼 수 없다.

　　이렇게 어려운 일이 어떻게 가능하게 되었을까? 기술적 요인만 언급한다면 이는 딥러닝 Deep Learning 기술의 성과이다. 최근에 급속히 발전한 딥러닝 기술은 인간의 뇌를 모방한 여러 층의 신경망을 알고리즘으로 만들어 놓았다. 그러고는 이 알고리즘을 방대한 양의 데이터로 학습시킨다. 이를테면 고양이와 강아지를 구분해 내기 위해 고양이 얼굴 사진 수백만 장과 강아지 얼굴 수백만 장을 입력하고 알고리즘의 인식 결과에 피드백을 준다. 알고리즘이 고양이 얼굴 사진에 고양이라고 답하면 '너 맞았어'라고 피드백을 주고 강아지라고 답하면 '틀렸어'라고 피드백을 준다. 이렇게 수백만 장의 데이터로 훈련하면 인공지능은 우리가 알 수 없는 어떤 규칙을 인식해 낸다. 음성인식도 마찬가지다. 각기 다른 수많은 톤, 발음과 억양으로 읽은 단어와 문장을 수없이 입력해 주면 인공지능이 그 음성을 똑같은 것으로 인식해 낸다. 이전의 인공지능에서는 인간이 규칙을 찾아내 기계가 이해할 수 있는 언어로 프로그램 하는 방식이었다면, 딥러닝에서는 데이터를 방대하게 넣어 주고 인공지능이 스스로 규칙을 찾도록 하는 것이다.

딥러닝 기반 인공지능의 이런 현실을 이해하면 인공지능과 인간의 관계에 대해 달리 생각할 수 있다. 흔히들 인공지능이 인간을 도와주고 있다고 생각하지만, 지금 개발되고 있는 대다수의 인공지능에서는 오히려 인간이 인공지능을 열심히 도와주고 있다. 딥러닝 기술이 잘 보여 주듯이, 최근의 인공지능은 데이터에 기반하는 것이다. 데이터가 많으면 많을수록 정확해질 가능성도 커진다. 반대로 데이터가 없다면 인공지능 신경망이 아무리 인간 뇌를 정교하게 모방했다 하더라도 무능해진다. 지금의 인공지능은 빅데이터를 요구하며 그래서 흔히 데이터에 굶주려 있다고 말한다. 질 좋은 데이터를 최대한 많이 확보하는 것이 인공지능 개발에서 결정적으로 중요한 것이다. 데이터를 최대한 많이 수집하려는 기술기업들의 경쟁은 치열하다. 소셜미디어 기업들은 데이터를 확보하려고 우리를 끊임없이 소셜미디어로 부르고 오랫동안 붙잡아 두려 한다. 잊을 만하면 푸시 알림을 보내고 누군가 '좋아요'를 눌렀다, 새로운 구독 영상이 떴다며 스마트폰 앱으로 들어오라고 유혹한다. 우리가 그 앱으로 들어가 광고도 보고 온갖 활동 데이터를 남기길 원하기 때문이다. 데이터를 수집할 플랫폼이나 자본력이 없는 개발자들은 대기업들이 이미 확보해 놓은 거대한 데이터 세트를 구매할 수밖에 없다. 이 데이터를 만드는 작업은 누가 하고 있을까? 인공지능이 스스로 데이터를 만들 수 있을까? 안타깝게도 기계는 그럴 능력이 없고 인간이 모든 데이터를 만들고 있다. 인간이 데이터를 수집하고 해석해 알고리즘을 학습시키고 있다.

살구색의 화면 비율로
포르노그래피를 따진다? 인공지능을 도와주는 인간노동으로 대표적인 것이 데이터 레이블링data labling이다. 구글이나 우버의 자율주행차는 미국 전역을 돌아다니면서 촬영한 수많은 영상으로 학습한다. 일단 영상을 가져오면 여기에 레이블링이라는 작업을 한다. 이것은 트럭이고, 저것은 신호등이고, 이것은 보행자이고 저것은 장애물이라며 이미지에서 보이는 각 사물에 표식을 다는 것이다. 이 레이블링된 수많은 영상을 데이터로 학습한 자율주행차는 앞에 가

는 트럭을 인식해 속도를 줄이고 적색 신호등을 보고 멈출 수 있다. 사정이 이렇다면, 미국에서 잘 돌아다니는 자율주행차를 한국의 광화문 도로에 내려놓으면 어떤 일이 벌어질지 쉽게 예상할 수 있다. 곧바로 큰 사고가 날 것이다. 미국과는 다른 모양을 한 한국의 트럭이나 교통 표지판을 제대로 읽어 낼 수 없을 것이기 때문이다. 구글 자율주행차가 한국에서 운행하려면 아마 새로 데이터를 수집해 학습시키거나 아니면 데이터를 이미 확보한 다른 기업과 협력해야 할 것이다.

최근에는 의료영상을 레이블링해서 '인공지능 의사'를 만들려고 노력하고 있다. 의료 현장에서 인공지능이 도입될 가능성이 가장 높은 영역으로 주목받는 분야가 영상 판독이다. 이를테면 소장에 있는 용종polyps은 암으로 발전하기 전에 일찍이 발견하는 것이 중요한데, 이를 인공지능에게 맡기는 것이다. 인공지능이 이런 일을 하려면 수많은 환자들의 영상 사진에서 용종을 찾아 표식을 하고 입력하는 작업이 필요하며, 이 일을 인간이 하고 있다.

이른바 콘텐츠 조정content moderation이라고 불리는 일도 인간이 인공지능을 도와주는 또 다른 사례다. 우리가 유튜브, 트위터, 페이스북과 포털 등을 많이 보지만 유해한 콘텐츠를 만나기란 쉽지 않다. 포르노그래피, 아동학대, 살인, 자살, 폭력, 욕설, 증오 발언, 인종차별주의, 동성애 혐오, 주류 판매 등 온갖 유해한 종류의 콘텐츠들이 있지만, 짐작하는 것만큼 자주 보이지 않는다. 그 이유는 간단하게도 누군가가 사전에 걸러 주고 있기 때문이다. 흔히 인공지능

인도에서 일하고 있는 '마이크로워커'로 불리는 노동자들.
이들은 미국의 거대 기술기업들을 위해 데이터 레이블링이나 콘텐츠 조정 일을 하고 있다.

이 영상과 음성을 인식해 자동으로 필터링한다고 알려져 있지만, 사실 이 일은 인공지능이 수행하기 어렵다. 무엇이 가치 있는 콘텐츠이고 무엇이 걸러야 할 콘텐츠인지 구분해 내는 일이 생각만큼 간단치 않기 때문이다. 포르노그래피와 수영복을 입고 있는 패션쇼를 구분하라면 인공지능이 제대로 구분해 낼 수 있을까? 살구색이 화면에서 몇 퍼센트를 차지하면 포르노그래피로 봐야 할까? 알몸의 사람이 등장한다고 다 포르노도 아니기 때문에 기계가 이를 구별하기가 간단치 않다. 전쟁의 참상을 고발하기 위해 끔찍한 살해 현장을 찍은 동영상들이 수시로 소셜미디어에 올라온다. 이 콘텐츠가 공익적 목적인지 아니면 단순히 주목받기 위한 시도인지 인공지능이 평가할 수 있을까? 결국, 이 일은 인간의 몫이다. 인간노동자가 직접 콘텐츠를 보고 포르노그래피인지 혹은 끔찍한 폭력 영상인지 평가하고 제거하는 것이다. 우리가 페이스북이나 유튜브에서 불쾌한 경험을 그나마 피할 수 있는 이유는 인공지능을 대신해 유해한 콘텐츠를 실시간으로 제거하는 숨은 인간노동이 있기 때문이다. 인공지능의 커튼 뒤에는 보이지 않는 인간들이 인공지능의 모자란 능력을 채워 주며 인공지능의 일을 부지런히 도와주고 있다.

거대 기술기업 아마존의
'터키인들'

구글, 페이스북, 마이크로소프트, 아마존 등 거대 기술기업들은 인공지능 기술을 개발하면서 동시에 데이터를 처리하는 업무도 하고 있다. 거대 기업들은 대체로 이런 업무를 외부의 다른 기업에게 맡긴다. 이 외주 기업들은 관련 업무를 잘게 쪼개어 온라인에서 모집한 노동자들에게 작은 일감으로 나누어 주는데, 이는 '크라우드 워크crowd work'로 불린다.

이 크라우드 워크를 수행하는 기업 중에 가장 유명한 것이 '아마존 미케니컬 터크Amazon Mechanical Turk, AMT'다. 아마존은 거대 기술기업으로서 데이터 처리 업무를 외주로 주는 데 그치지 않고 그 업무를 중개하는 기업을 세웠다. AMT는 데이터 레이블링과 같은 단순 반복적이지만 인간만이 할 수 있는 종류의 일을 수행할 노동자와 이런 종류의 일을 외부에 맡기고 싶은 기업 및 개발자 들을 서로 연결해 준다. AMT의 홈페이지는 이런 종류의 일을 맡길 의뢰자가 방문할 곳과 이 일을 수행할 노동자가 방문할 곳을 분리해 안내한다. 이런 단순 반복적인 일을 하는 노동자는 어떤 이들일까? 이미지 레이블링 한 개당 고작 몇 센트의 보수를 받는 데서 알 수 있듯이, 결국 이런 일이라도 할 수밖에 없는 처지의 사람들이다. 부업으로 일하는 이들도 있지만 대부분 이를 주 소득원으로 삼고 있다. 미국에서는 주로 저소득층 노동자나 주부 혹은 집 밖에 나갈 수 없는 이들이다. 장애를 갖고 있거나 가족을 돌봐야 해서 외출할 수 없는 이들, 혹은 공부를 하고 있어 정규 시간에 일을 할 수 없는 이들이다. 온라인으로 노동력이 중개되는 이 업무에 총 40여 개국의 노동자들이 참여하는데, 주로 저개발국가의 노동자들이 대다수다. 인도, 필리핀, 말레이시아, 케냐 등 영어를 이해하는 저개발국가에 사는 이들이 이 단순 반복적이고 저임금의 일을 주로 하고 있다.

왜 아마존은 이런 기업을 세우면서 '아마존 미케니컬 터크'라고 이름을 붙였을까? 미케니컬 터크Mechanical Turk는 우리말로 번역하면 '기계 터키인'인데 이는 역사적으로 유명한 일화에 기초한 것이다. 18세기 유럽에서 터키인 차림을 한 기계 인형이 스스로 체스를 둘 수 있다고 알려지면서 유럽 전역을 떠들썩하게 한 적이 있다. 이 터키인 모습의 자동기계를 개발한 이는 전 유럽을 순회공연하며 큰돈을 벌었다. 현존하는 체스 세계 챔피언을 IBM의 딥블루 인공지능이 이겼던 해가 1996년이었으니 18세기의 이 사건은 실로 놀라운 일이었다. 하지만 곧 이 자동기계는 거짓으로 판명 났다. 굉장히 정교하게 만들기는 했지만, 사실 체스판 밑 상자 속에 사람이 숨어서 인형을 대신해 체스를 두고 있었던 것이다. '아마존 미케니컬 터크'라는 이름은 결국 인공지능이 자율적이라고 생각하는 많은 이들의 생각과 달리, 인공지능은 인간노동자, 특히 데이터 처리 작업을 수행하는 숨은 노동자들에 필수적으로 의존한다는 사실을 분명히 보여 준다. 자동화를 고대하는 사람이든 아니면 우려하는 사람이든 인공지능의 자율성을 곧 다가올 미래처럼 말하지만, '아마존 미케니컬 터크'라는 이름의 온라인 서비스의 존재는 인공지능의 뒤에는 인간노동자가 반드시 있어야 한다는 점을 상징한다.

공식적인 통계는 없지만 매달 수만 명의 사람들이 AMT에서 일하는 것으로 알려져 있다. AMT에서는 단순 반복적이지만 컴퓨터가 할 수 없는 이런 일을 하는 노동자들을 '터커turkers' 즉 '터키인들'이라고 부르지만, 이들의 호칭은 보통 '크라우드 워커crowd worker'

18세기 무렵 체스를 스스로 둘 수 있다고 알려졌던 '미케니컬 터크.' 아마존사는 자신들의 온라인 노동 중개 서비스를 '아마존 미케니컬 터크'라고 이름 붙여 이 역사를 되살렸다.

혹은 '마이크로워커microworker'이다. 노동력과 기업을 연결하는 다양한 플랫폼 기술이 발전하면서 마이크로워커들은 한 곳에 고용되어 일하는 것이 아니라 프리랜서처럼 자신의 시간표에 맞게 다양한 종류의 업무를 수행한다. 출근 없이 자유롭게 일할 수 있다는 이점이 있지만 동시에 직업의 안정성은 없다. 잘게 쪼개진 작은 업무를 수행하는 단기계약을 맺고 일할 뿐이다. 노동자가 아닌 독립 사업자로 간주되기 때문에 노동자로서의 기본 권리를 누리지 못한다. 최저임금도 보장받지 못하며 산재보험에도 가입하지 못한다. 이들의 실상에 대한 체계적인 통계는 없지만, 국제노동기구의 한 조사에 따르면 AMT에서 데이터 처리 업무에 종사하는 이들은 평균 시간당 4.43달러를 벌었다. 그나마 미국 노동자들은 최저임금에도 미치지 못하는 4.7달러를 번 반면, 아프리카에서 원격으로 일하는 이들의 시간당 임금은 고작 1.33달러에 그쳤다. 하루 8시간 일한다고 이 돈의 8배를 버는 것도 아닌데, 그중 상당한 시간은 적합한 업무를 검색하거나 업무 수행 자격이 되는지를 입증하기 위한 테스트 업무를 수행해야 하기 때문이다. 이 때문에 하루 종일 일하고 8~10 달러를 버는 경우가 많다.

날로 스마트한 인공지능과
날로 궁핍한 노동　　하지만 최저임금에도 미치지 못하는 종류의 이런 마이크로워크microwork를 모두 다 착취라고 말하기는 어렵다. 하루 10달러 수입이 미국에 사는 노동자들에게 가혹한 조건이라

할지라도 저개발국 노동자들에게는 중산층이 되는 기회일 수 있다. 난민수용소에 있는 시리아 난민, 일자리가 없는 인도의 도시나 경제위기가 닥친 베네수엘라의 평범한 시민들에게 마이크로워크로 버는 이 돈은 큰 혜택이다. 그러나 우리가 받아들이기 어려운 노동조건이 있다는 점은 부정할 수 없다.

AMT에서는 의뢰자가 업무 결과를 받아본 후 마음에 들지 않으면 임금을 지불하지 않을 수 있다. 노동자에게 지급 거부 사유를 밝히지 않아도 된다. 일부 의뢰자들은 이런 계약조건을 악용해 일을 시킨 후에 임금을 떼먹기도 한다. 게다가 온종일 잔인한 폭력과 참수 영상, 남성 성기 사진을 들여다보고 걸러 내는 일은 이런 노동을 하겠다고 각오한 이들에게도 버거운 일이다. 일부 노동자들은 페이스북을 위해 콘텐츠 조정 일을 한 후에 외상후스트레스 증상을 호소하며 소송을 내기도 했다. 인공지능 뒤에서 이뤄지는 이런 노동을 모두 착취라고 단정할 수는 없지만, 이런 종류의 일을 해서라도 수입을 올리지 않을 수 없는 이들을 기업이 이용하는 것은 엄연한 사실이다. 낮은 임금이라 할지라도, 불안정한 일이라 할지라도, 임금을 떼먹힐 위험이 있더라도, 외상후스트레스를 가져올 수 있는 일이라 할지라도 이 일을 하지 않을 수 없는 사람들을 활용하는 것이다. 이런 궁핍한 처지의 마이크로워커들을 이용하면서 인공지능은 점점 더 스마트해지고 있다. 아마존사의 최고경영자 제프 베조스Jeffrey Bezos는 미국에서 최고의 갑부 자리를 다투는 인물이지만, 그가 쌓아 올린 첨단 기술기업의 성과 뒤에는 이런 저임금의 불안정한 노동자들이 숱하게 있다.

최근에는 전문적으로 마이크로워크를 대행해 주는 작은 기업들도 많이 생겨났다. 이들은 마이크로소프트나 구글 등 거대 기술 기업과 계약을 맺고 데이터 처리 업무를 대행한다. 인도나 케냐의 노동자들은 콜센터처럼 생긴 이 업체의 사무실 컴퓨터 앞에 앉아 하루 종일 인공지능에 들어갈 데이터들을 청소하고 처리한다. 자율주행차에 들어갈 사진 속 사물에 레이블을 달고 녹음된 음성을 듣고 녹취하며 아동학대 영상을 걸러 낸다. 이런 기업들이 늘어난 이유는 원격으로 진행되는 AMT와 달리, 노동 통제가 용이하기 때문이다. 노동자들의 업무 질을 더 쉽게 관리할 수 있는 것이다. 마치 산업혁명 초기 가내수공업을 대신해 공장제 수공업이 출현한 맥락과 비슷하다. 상대적으로 교육받은 이들을 골라서 고용해 업무 질을 높일 수도 있다. 사실 저개발국에서 이런 일을 하는 이들은 꽤 교육을 받은 이다. 국제노동기구의 조사에 따르면 고등학교 졸업자는 18퍼센트가 채 되지 않고 대학 졸업자는 37퍼센트, 대학원 졸업자는 20퍼센트이며 이 중 절반 이상은 과학기술 전공자들이다.

내 말을 알아듣는 인공지능 스피커 뒤에는 음성을 녹취해 인공지능을 훈련시키는 보이지 않는 노동자들이 있다. 이들은 하루 10달러 정도의 수입이 소중한 궁핍한 처지에 있는 사람들이다. 경제적으로 위기에 처한 국가와 저개발국에 사는 교육받은 노동자들이거나 선진 산업국에서 당장 생계를 걱정해야 하는 저소득층 노동자들이다. 이 정도의 수입을 위해서라도 일할 의사가 있는 사람들이 오늘날 세계에 너무 많다는 현실이 바로 이 기술이 성장할 수 있었던 이유 중 하나다. 인공지능은 이런 궁핍한 처지의 노동자들이 있다는 불평등한 현실을 이용해서 발전하고 있다. 앞으로 인공지능의 발전에 따라 사라질 일자리와 새로 생겨날 일자리를 점치는 시도들이 많지만, 현재 인공지능은 저임금의 불안정한 일자리를 양산하고 있다. 인공지능은 질 낮은 일자리를 계속 만들면서 사회의 불평등을 강화하고 있는 것이다.

우리는 왜 서툰 기계의
돌봄노동에만 감탄할까?

매우 낮은 수준의 보수를 받고서라도 일하고 싶은 이들이 마이크로워크의 숫자에 비해 압도적으로 많다. 단순 반복적인 일이고 불안정한 일거리이지만, 이 일의 숫자보다 이런 일이라도 해서 생계를 유지하려는 노동자들의 수가 훨씬 많다. 미국의 경우 상위 0.1퍼센트의 자산 총액이 하위 90퍼센트의 자산을 모두 합친 것과 점점 비슷해져 가고 중하층 노동자들은 이제 중국의 중산층과 경쟁할 정도로 삶이 절박해지고 있다. 한국에서도 소득 상위 10퍼센트의 소득은 이미 전체 소득의 절반을 넘었다. 극심한 소득 불평등을 발판 삼아 인공지능은 발전하고 있다. 인공지능의 발전에 필수적인 인간노동에 최저임금을 밑도는 보상을 하는 이유로는 앞에서 말한 불평등한 사회 현실이 크다.

우리는 기술혁신이 경제성장에 핵심이라고 흔히 생각하며 혁신의 가치를 높이 평가한다. 기업은 늘 기술혁신을 이루겠다고 약속하고 정부도 혁신을 뒷받침하겠다고 외친다. 혁신을 이뤄 낸 엔지니어나 기업가는 늘 상찬되며 언론의 주 인터뷰 대상이 된다. 그러나 곰곰이 생각해 보면, 새로운 기술을 발명해 시장에 내놓는 혁신은 기술의 전 생애를 놓고 보면 초기의 짧은 시간 동안 벌어지는 일일 뿐이다. 스마트폰이든 인공지능 스피커든 전기자동차든 개발해서 시장에서 팔리는 것으로 끝나지 않는다. 모든 기술적 인공물은 시간이 지나면 고장 나거나 작동을 멈춘다. 예상하지 못한 버그가 원인이면 업데이트 패치를 설치해야 하고, 녹이 슬고 먼지가 끼면 깨끗이 청소를 해 줘야 한다. 부품 수명이 다한 것이라면 새로운 것으로 교체해 줘야 하고, 쓰레기로 분류된 기술들은 재활용하거나 안전하게 폐기해야 한다. 결국, 기술은 혁신으로 끝나지 않으며 끊임없이 유지하고 보수하고 폐기 처리해야 하는 것이다. 이런 유지, 보수, 폐기와 같은 돌봄의 과정이 없다면 기술은 제대로 작동할 수 없다. 항상 그렇듯이 이런 돌봄의 과정에는 이를 담당하는 인간노동자들이 있다.

기술에서 혁신만이 중요하다고 여기는 문화는 인공지능의 발전을 위해 마이크로워크를 하는 이들의 낮은 보상으로 이어진다. 아무리 첨단 기술이라 할지라도 기술을 돌보는 다양한 종류의 노동이 없다면 제대로 작동할 수 없는데도 우리는 이런 노동들은 경시한다. 인공지능에서 데이터가 중요하다는 점은 어느 정도 알지만, 이 데이터가 어디에서 만들어지고 또 어떻게 저장되고 관리되는지 아는 사람은 별로 없다. 이세돌을 꺾은 딥마인드사의 인공지능 알파고는 잘 알면서도 알파고가 수많은 기보를 저장한 데이터 센터에 의존하고 있다는 점은 잘 모른다. 구글, 아마존, 페이스북, 네이버 등 인공지능을 개발하는 모든 거대 기술기업들은 저마다 데이터 센터를 운영하고 있다. 이 데이터 센터에는 수만 개의 서버가 있고 24시간 365일 동안 켜져 있다. 당연히 엄청난 열이 발생하고 이를 식히는 과정이 필수적이다. 냉각시스템 설비를 관리하고 수명이 다한 하드웨어 서버들을 주기적으로 교체해 주는 노동자들이 필요한 이유다. 이렇게 인공지능 뒤에서 일하는 노동자들이 없다면 바로 그 순간 데이터는 사라지고 인공지능도 작동을 멈춘다. 기술의 혁신 과정에만 관심을 갖는 사회는 인공지능을 작동시키는 이런 숨은 노동을 평가하는 데 인색하다.

사실 우리 사회에서 기술을 돌보는 노동만 경시되는 것은 아니다. 다른 사람을 돌보는 노동도 무시되기 일쑤다. 가족이나 친족 관계에서 돌봄노동은 필수적이다. 음식 준비와 청소 등 가사일을 하고 미성년 아이를 양육하고 아픈 가족이나 노인을 간병하는 일을 누군가 해야 한다. 가족을 보살피는 이 돌봄노동이 한순간이라도 멈추면 구성원들의 삶은 유지되기 어렵다. 돌봄노동은 우리 사회의 건강한 재생산을 위해선 핵심적이지만, 그동안 제대로 인정받지 못해 왔다. 산업화 이후 남성들이 종사한 공장노동만 임금노동으로 인정받았고 여성들이 주로 수행한 돌봄노동은 보상이 필요 없는 노동처럼 생각되었다. 사실 자본주의는 가족 내 여성의 돌봄노동을 무급으로 활용할 수 있었기 때문에 발전할 수 있었다. 2년 전 통계청에서 처음으로 여성의 가사노동에 경제적 가치를 평가한 적이 있었는데, 1인당 연간 700여 만 원이었다. 무급노동으로 보던 과거로부터는 일보 진전한 것이지만, 여전히 가사노동과 같은 돌봄노동에 대한 우리의 평가는 인색한 편이다. 가사일과 같은 돌봄노동을 제대로 보상하지 않는 것은 기술에 대한 돌봄노동을 인정하지 않는 문화와 유사하다.

이렇게 우리가 잘 인정하지 않는 돌봄노동도 있지만, 우리가 손쉽게 감탄하는 돌봄노동도 있다. 바로 돌봄노동을 기계가 수행할 때다. 인공지능이 집안 조명을 켜 주면 은근히 감동하고 내 음성 명령에 스테이크 조리법을 알려 주면 탄복한다. TV를 대신 틀어 주고 취향에 맞는 영화를 추천해 줄 때는 만족해한다. 최근에 쏟아지고 있는 '스마트홈' 기기들은 돌봄노동을 경쟁적으로 약속한다. 물론 기계의 돌봄노동은 여전히 미숙하다. 내 말을 못 알아들을 때가 많고 데이터가 없는 종류의 요청에는 도와주지 못해서 미안하다고 말한다. 하지만 우리는 시간이 필요하다고 생각할 뿐 기계의 미숙한 돌봄노동을 크게 탓하지 않는다. 주위의 돌봄노동을 평가할 때 우리는 이중적이다. 인공지능의 서툰 노동에는 탄복하면서도 내 일상을 떠받치고 있는 배우자의 가사노동은 인정조차 하지 않는다. 나의 감탄은 늘 음성인식 인공지능 스피커에만 닿을 뿐 그 너머에 이르지 않는다. 음성인식을 위해 녹취 작업을 한 노동자나 데이터 센터에서 서버를 교체하고 있는 노동자의 돌봄노동에는 가닿지 못한다. 우리의 시선과 관심은 기계의 서툰 돌봄노동 앞에서 멈출 뿐이다. 인간의 돌봄과 기계의 돌봄 중 어느 것을 더 가치 있는 노동으로 볼 것인가는 기술과 인간노동을 바라보는 우리 문화와 관련 있다. 물론 이런 문화로 이익을 얻는 이들도 분명히 있다. 가사노동을 임금노동으로 보지 않음으로써 남성의 지배적 질서를 유지하고 자본주의 유지비용을 줄일 수 있었듯이, 인공지능에 필수적인 인간의 돌봄노동을 낮추어 평가함으로써 기술기업은 이익을 얻고 있다.

기술혁신만 상찬하는 사회는 주위 사람들의 다양한 돌봄노동을 인정하지 않을 뿐만 아니라 심각한 소득 격차도 당연하게 여기도록 한다. 기업 최고경영자의 연봉이 일반 직원 평균보다 수십에서 수백 배를 넘는 현실은 이와 무관하지 않다. 미국에서 최고경영자의 보수는 보통 직장인의 350배에 이르며 디즈니사의 경우 무려 1,400배에 달한다. 50여 년 전에는 20배에 지나지 않았던 이 격차는 점차 심해지고 있다. 경영자나 혁신가의 노력을 폄하할 뜻은 없지만, 이들의 성과가 정말 이만큼 보상할 정도일까? 기술혁신만을 상찬하는 문화는 혁신가의 능력을 과장하고 혁신을 가능하게 한 다른 기여들을 무시하곤 한다. 혁신의 대명사인 애플사의 아이폰만 보더라도, 핵심 기술인 터치스크린, 리튬-이온 배터리, 디스플레이, GPS 등은 모두 국방부와 에너지부 등 미국 정부가 세금을 걷어 지원한 결과물이다. 이렇게 초기 위험을 감수하고 혁신을 뒷받침한 정부의 연구비 지원이 없었다면 현재의 혁신도 없다. 마찬가지로 기술을 꾸준히 유지 보수하는 노동자들이 없다면 현재의 혁신은 그 가치를 누리기 어렵다. 상황이 이런데도 혁신가나 경영자가 성과를 독식하며 우리는 별로 문제를 제기할 생각을 하지 않는다. 이런 관행을 쉽게 수용하는 태도는 유지보수와 돌봄노동은 무시하고 기술혁신만 우선하는 문화와 결코 무관하지 않다.

인간 없는
인공지능은 없다

혹시 인공지능이 발전하면서 궁핍하고 취약한 노동자들에게 최소한의 보상만 하는 지금의 현실이 과도기적인 것은 아닐까? 딥러닝 기반 인공지능의 성격상 초기에는 데이터 레이블링이 필요하겠지만, 데이터가 많이 확보되면 이런 노동들은 점차 줄어들지 않을까? 냉혹한 이 현실을 좀 참으면 해결되지 않을까? 하지만 인공지능이 딥러닝에 기반하는 이상 이런 현실은 바뀌지 않을 것 같다. 딥러닝의 발전에서 마이크로워크는 구조적이기 때문이다. 인공지능이 더 많이 학습한다고 할지라도, 학습할 내용은 줄어드는 것이 아니라 오히려 더 많아질 것이다. 자율주행차를 처음 개발할 때는 영상을 보고 도로 바닥의 얼룩인지 보행자인지만 구분하면 되었지만, 나중에는 이 보행자가 어린이인지 노인인지 아니면 여자인지를 판단하는 것이 중요해질 수 있다. 지금 인공지능 스피커는 내 음성이 무슨 뜻인지에만 주목한다면, 나중에는 내 음성에서 미묘한 감정까지 읽고 싶어 할 수 있다. 기술이 구현 가능해지면 인식해야 할 디테일도 그만큼 더 많아질 것이다. 게다가 인공지능의 적용 지역이 넓어지면 새로운 수요가 생긴다. 지역이 바뀌면 인식해야 하는 사물들도 바뀌니 새로 데이터를 확보해야 한다.

기술이 확장되면 그만큼 데이터 수요도 늘어나기 때문에 이 현실은 끝나지 않을 것이다.

혹시 인공지능이 계속 발전하면 인공지능이 데이터 수집과 레이블링 작업까지 스스로 할 수 있지 않을까? 단언할 수는 없겠지만 현재의 딥러닝 기술은 그렇게 할 수 없을 것 같다. 딥러닝 기술

딥러닝 기술은 영상 인식에서 여전히 한계가 있다.
평소의 익숙한 모습을 한 스쿨버스, 스쿠터 오토바이, 소방차는 99퍼센트 이상의 확률로
정확히 인식한다(첫 번째 세로줄 a). 반면 좀 기울어 있거나 뒤집혀 있으면
이들을 제설기, 낙하산, 봅슬레이(네 번째 세로줄 d)로 잘못 인식한다.

은 무엇보다 규칙이 분명하고 방대한 데이터가 있는 일에서만 유능하기 때문이다. 구글의 알파고가 자신의 능력을 시연하는 이벤트로 바둑을 선택한 것은 그런 점에서 신의 한 수였다. 바둑처럼 목표가 분명하고 게임의 규칙이 변하지 않고 기보와 같은 데이터가 풍부한 일에선 딥러닝의 능력은 상상을 초월한다. 반면 규칙이 계속 변하거나 데이터가 없는 종류의 일에선 극히 무능하다. 익숙한 모습일 경우 데이터가 많아서 사물들을 잘 인식하지만 낯선 각도로 찍힌 이미지 속 사물은 제대로 인식하지 못한다. 벽돌 깨기처럼 인공지능이 잘하는 게임에서도 중간에 규칙 하나가 바뀌면 무력해지고 만다. 최근엔 강화학습이란 기술이 데이터 수집 없이도 학습 가능하다고 알려졌지만, 이는 게임규칙이 분명한 경우일 뿐이다. 데이터 레이블링이나 콘텐츠 조정 같은 마이크로워크는 규칙을 정하기 어렵고 간단한 판단이라 할지라도 인간의 상식, 세계에 대한 이해와 추론 능력을 요구한다. 딥러닝 기반 인공지능 기술이 이런 일까지 해낼 수 있을 거라고 상상하기는 어렵다.

인공지능의 현재 발전 경로가 불평등한 현실을 이용해 질 낮은 일자리를 양산한다는 점 말고 또 다른 중요한 문제가 있다. 현재의 인공지능 기술을 둘러싼 지배적인 주장들은 하나같이 인간이 곧 필요 없어질 것이라고 말한다. 제조업의 위기, 자동화의 진전, 로봇의 부상, 인공지능의 역습 등 조금씩 다른 곳에서 논의를 시작하지만, 대부분 기술발전으로 더는 고용이 필요 없어진 세계에 이르렀다고 진단한다. 90년대 이후 고용 없는 성장이 선진 산업국에서 지속되는 현상은 쉽게 부정할 수 없지만, 이것이 기술발전에 따른 필연적 결과인지는 단언할 수 없다. 자동화가 인간의 일자리를 줄여 온 것도 사실이지만, 방적기가 도입된 산업혁명 이후 늘 그래 왔다. 자동화의 진전이 기존 일자리를 위협하는 것은 부인할 수 없지만, 우리가 지금 겪고 있는 일자리 감소 현실의 원인은 훨씬 복잡할 수 있다. 기술발전 외에도 세계화와 아웃소싱, 산업정책, 노동정책, 노조 조직력의 약화 등도 원인이다. 기술발전에 따른 당연한 결과가 아니라 기술발전에 대해 우리가 대응한 방식들의 결과일 수 있다. 기술발전이 고용과 노동에 미치는 영향을 부정하려는 것은 아니다. 기술발전이 주원인이라고 손쉽게 지목하는 것을 부정하려는 것이다. 스웨덴은 미국만큼 로봇을 적극 도입하고 있지만, 노동자들의 일자리 위협은 거의 없고 노동자들은 자동화 기술 도입을 오히려 환영한다.

기술발전으로 인간이 쓸모없어질 것이라는 내러티브는 경계해야 한다. 기술발전은 거역할 수 없는 것이고, 인간이 쓸모없어지는 것 또한 막을 수 없다고 말하고 있기 때문이다. 이는 인간의 쓸모없음을 정해진 미래처럼 만드는 것이다. 인간노동자들이 일자리에서 쫓겨나는 것은 이제 기술발전의 필연적 결과일 뿐이니 순순히 받아들이라고 요구한다. 하지만 기술의 오랜 역사가 보여주듯이, 사실 기술발전은 하나의 결과를 지시하지는 않는다. 우리가 어떤 사회를 지지하고 설계하느냐에 따라 기술의 결과는 달라질 수 있다. 때로는 기술의 경로를 바꾸는 것도 가능하다. 사용자의 개인정보를 소홀히 다룬 페이스북의 마크 저커버그Mark Zuckerberg는 수시로 미국 의회에 불려가 의원들의 추궁을 듣는다. 데이터 프라이버시를 존중 하는 기술을 만들도록 압박받는 것이다. 저임금의 불안정한 일자리 를 양산하도록 인공지능을 개발할 수도 있지만, 이런 흐름을 완화 시키는 기술을 만들 수도 있다. 불평등을 이용하는 것이 아니라 불 평등을 완화시킬 기술, 불평등을 강화하는 것이 아니라 불평등을 해소하는 인공지능을 개발할 것을 요구할 수 있다. 정부에 이런 기 술을 우선적으로 지원하도록 압력을 가할 수도 있다.

무엇보다 인간은 전혀 쓸모없지 않다. 데이터 레이블링이든, 콘 텐츠 조정이든, 데이터 센터에서 서버를 교체하는 유지 보수든, 이 런 일을 하는 노동자들을 보살피는 돌봄노동이든 인간은 늘 필요하 다. 인공지능은 물론 뛰어나지만 협소한 영역에서만 그럴 뿐이다. 규칙이 변화무쌍하고 데이터가 거의 없는 영역에선 인공지능이 무 력하지만, 인간은 적은 데이터로도 세계에 대한 모델을 구축하고 추론할 수 있다. 현실이 이런데도, 인공지능을 마법처럼 묘사하며 인간의 쓸모없음을 주장하는 이들이 있다면 이를 거부해야 한다. 우리는 인간의 쓸모없음이 기정사실인 것처럼 미래를 그려 내는 상 상과 내러티브에 맞서야 한다. 불평등을 이용하는 지금의 기술발전 방식에 변화를 요구하며, 인간노동과 인공지능의 조화로운 공존 방 식을 함께 찾아야 한다. 인간노동 없이는, 인공지능은 단 한순간도 작동할 수 없기 때문에.

8장

인류세

'인간'이
만든
인류의 곤경

송은주

●
○

그레타 툰베리,
신음하는 미래
2019년 9월 열린 유엔 기후행동 정상회의의
최대 화제는 스웨덴에서 온 17세의 환경운동가 그레타 툰베리Greta
Thunberg와 미국 대통령 도널드 트럼프Donald Trump 사이에 벌어진 신
경전이었다. 그녀는 성난 얼굴로 정상회의에 모인 전 세계의 정치
가와 기업가를 포함한 기성세대에게 "당신들이 우리 젊은 세대의
미래를 빼앗고 있다"며 격하게 비난을 퍼부었다. 툰베리는 "생태계
전체가 무너지고 대멸종이 눈앞에 다가와 있는데도, 당신들은 돈과
영원한 경제성장이라는 거짓말만 늘어놓고 있습니다. 어떻게 그럴
수가 있습니까?"라고 분노했다.

툰베리는 2019년 《타임》지 '올해의 인물'에 최연소로 선정되

2019년 유엔 기후행동 정상회의 개회식에서 연설하는 그레타 툰베리.
젊은 환경운동가의 절절한 호소에 전 세계가 귀를 기울였다.

었을 만큼 기후 변화 문제의 상징적 인물로 떠오르며 전 세계의 주목을 받고 있다. 그녀의 절박한 호소가 반응을 일으켰다면, 남의 일로만 여겨졌던 기후 변화의 심각성이 임박한 나의 현실로 다가왔기 때문일 것이다. 2019년 11월, 베니스는 150년 만의 최악의 홍수로 몸살을 앓았다. 산마르코 대성당 앞에서 수영을 하는 남자의 사진이 기사를 장식할 정도로 물이 불었다. 이는 그해 유난히 폭우가 쏟아져서 생긴 우발적인 자연재해가 아니라, 기후 변화로 빙하가 녹으면서 해수면이 상승한 탓이다. 여러 가지 지표들이 툰베리가 경고하는 파국이 우리 턱밑까지 왔음을 분명하게 보여 주고 있다. UN 기후변화협의체는 온실효과로 인해 2100년까지 지구 평균 온도가 3.7~4.5도 더 상승할 것으로 예측하는데, 이는 1,500년 만에 지구가 가장 더운 상태이다. 이 예상이 맞다면, 베니스가 홍수로 잠기는 정도로 끝나지 않는다. 2019년 10월《뉴욕 타임스》는 미국 비영리 연구단체 '클라이밋 센트럴Climate Central'이《네이처 커뮤니케이션》에 발표한 논문을 인용하여 2050년경에는 호치민, 방콕 등 대도시들이 지도상에서 사라질 수 있으며 1억 5,000만 명이 삶의 터전을 잃게 될 것이라고 보도했다.

기후 위기의 심각성을 인지한 과학자들도 행동에 나섰다. 2019년 전 세계 153개국 과학자 1만 1,000명이 '지구 기후 비상사태'라는 공동성명을 발표하여 지구를 보존하기 위해 지금 당장 행동을 취하지 않는다면 기후 위기로 곧 인류가 막대한 고통을 겪을 것이라고 경고했다. 기후 변화가 가져올 심각한 결과 중 하나가 생물 종의 감소로 인한 생물 다양성의 파괴이다. 현재 생물 종이 줄어 가는 속도는 공룡이 멸종할 당시의 속도와 맞먹으며, 이대로 간다면 2030년까지 지구 종 전체의 20퍼센트가량이 사라질 것이다. 이제 인류가 여섯 번째 대멸종 앞에 서 있다는 경고를 흘려들을 수 없는 까닭이다.

왜

인류세일까?　　　한때 기후 변화를 지구 활동에 따른 자연스러운 기후 변동으로 볼지, 아니면 인간 활동에 따른 비정상적인 기온 상승으로 볼지 논쟁이 있었다. 그러나 이제 정치적 의도로 문제의 핵심을 흐리고 싶어 하는 일부를 제외하고 절대 다수의 과학자들은 인간의 활동이 전 지구 환경을 근본적으로 바꾸어 놓았다는 데 동의한다. 인간이 지금까지 살아온 세계의 조건이 완전히 바뀌었다는 인식을 잘 반영하면서 학계를 넘어 일반인들의 관심을 끌고 있는 새로운 용어가 바로 '인류세'다. 인류세는 1980년대 유진 스토머 Eugene Stoermer가 처음 제안하고, 노벨화학상 수상자인 대기화학자 파울 크뤼천Paul Crutzen이 2000년 지구시스템과학 연례학술대회에서 다시 거론하면서 비로소 언론과 대중의 주목을 받았다. 그는 "지구 환경에 새겨진 인간의 흔적이 매우 크고 인간의 활동이 대단히 왕성해져 지구 시스템 기능에 미치는 인간의 영향력이 자연의 거대한 힘들과 겨룰 정도가 되었다"라고 인류세의 의의를 설명했다.

지질학상의 연대표는 중요한 지질학적 사건에 따라 절, 세, 기, 대, 누대로 나뉜다. 지금 우리가 속한 시대인 홀로세는 약 1만 2,000년 전에 시작되었으며, 가장 최근의 빙하기가 끝나고 기온이 안정화되어 지속되면서(간빙하기) 인류 문명이 발전할 수 있는 토대가 되었다. 그러나 우리가 더는 홀로세의 온화한 기후 조건에 있지 않다는 크뤼천의 주장을 받아들여 2009년 국제지질과학연맹 산하 국제지질층서위원회에 인류세워킹그룹이 조직되었다. 인류세라는 용어가 아직 지질학계에서 공식적으로 승인되지는 않았지만, 기후 변화와 환경 오염, 수많은 종의 멸종 현상 등에 대한 경각심이 높아지면서 인류세는 이제 지질학, 지구시스템과학, 환경생태과학 등 과학 분야를 넘어 사회과학과 인문학에서도 폭넓게 논의되고 있다.

지질 연대를 구분하는 기준은 지각 변화와 생물 종의 변화이다. 인류세를 새로운 지질 연대로 주장하는 주요 근거 중 하나는

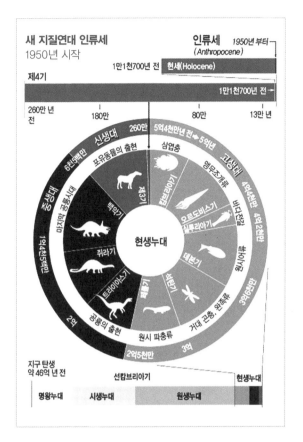

지질학상의 연대표

화석연료의 사용으로 인한 대기 중 이산화탄소 양의 급증이다. 언제부터 이렇게 인류가 환경을 결정적으로 변화시켰는지에 대해서는 여러 가지 의견이 있다. 가장 멀리는 신석기시대에 인류가 농경을 하면서부터 이미 인류세가 시작되었다고 본다. 또 다른 주장은

18세기 증기기관의 발명과 산업혁명 이후부터 대량으로 화석연료를 사용하면서 인간이 기후 시스템을 교란하게 되었다고 한다. 세 번째 견해는 2차 세계대전 이후인 1945년경부터 '대가속the Great Acceleration'으로 불리는 전 세계적인 경제성장과 자본주의화와 더불어 자원의 이용과 쓰레기 양에서 극적인 변화가 일어나면서 인류세가 시작되었다고 말한다. 이들은 핵실험의 결과로 낙진이 일으킨 지층의 변화도 연대 구분의 기준이 되는 한 요인으로 꼽는다. 가장 많은 지지를 받는 주장은 두 번째이다. 크뤼천은 인류세를 18세기 산업혁명 시기인 1800년경부터 1945년경까지 1기, 1945년부터 2015년까지 2기, 기후 변화 등 지구에 대한 인간의 영향력이 입증된 시점인 2015년부터 3기로 구분한다.

인류세 연구도 크게 세 시기로 구분할 수 있다. 처음에는 대기화학과 기후학, 해양학, 지질학 등 자연과학 분야에서 인류세가 연구되었다. 특히 지질학과 층서학에서 인간이 지층에 남긴 변화의 흔적을 발견하고자 했다. 이러한 연구가 비교적 협소한 의미에서 인류세를 정의하고자 한다면, 학제적인 지구시스템과학은 전통적인 지질학보다 더 넓은 변화의 관점으로 지구를 들여다본다. 이 분야의 연구자들은 암석층에서만 증거를 찾으려 하지 않고, 지구를 내핵에서 대기층까지 에너지와 물질의 사이클이 끊임없이 유동하는 흐름 속에 있는 총체적인 전체로 고려한다. 이러한 관점은 인간의 영향을 지층에서 탐지해 내는 수준을 넘어서 지구 시스템 전체에 일어난 변화를 연구에 반영해야 한다고 생각한다. 그러나 인류세 연구는 여기에서 그치지 않고 한 걸음 더 나아가 인간 사회와 역사의 차원까지 아우르면서 확장되었다. 인류세를 연구하는 대표적인 역사학자 디페시 차크라바르티Depesh Chakrabarty는 인류세에 들어 인간은 스스로 지질학적인 힘이 되었으며, 인간의 역사와 자연의 역사를 가르던 벽에 균열이 생겼다고 주장한다. 이로써 인간의 역사와 자연의 역사가 하나의 지구 역사geohistory로 얽히게 되었으며, 자연이 더는 인간 역사의 배경에 머물지 않게 되었다는 것이다. 인류세의 지구 시스템은 수권, 대기권, 생명권, 암석권만이 아니라 다양한 경제·에너지 시스템, 사회적·상징적 질서까지 모두 포괄한다.

우리는 오랫동안 지진이나 홍수, 가뭄과 같은 천재지변과 인재人災를 구분하고, 천재지변은 인간의 힘이나 의지와는 전혀 무관하게 일어나며 자연과 사회는 서로 분리된 영역이라고 믿었다. 그러나 인류세의 재난들은 대부분 천재와 인재, 환경적 원인과 사회적 요인들이 구분하기 어려울 만큼 복잡하게 뒤얽혀 있다. 2003년 아프리카 수단에서 발생해 20만 명이 넘는 희생자를 낳은 다르푸르 분쟁이 한 사례이다. 표면적으로는 수단 정부의 아랍화 정책에 비非아랍인들이 불만을 품으면서 일어난 정치적 분쟁이다. 이로 인해 발생한 250만 명의 난민들은 전쟁 난민으로 분류되었다. 하지만 환경 전문가들은 기후 변화로 식수원이 고갈되고 농경지가 감소한 데에서 분쟁의 근본적인 원인을 찾는다. 따라서 환경의 영향을 고려하지 않고 사회적 차원에서만 이해한다면 분쟁의 해결책도 찾을 수 없을 것이다.

인류세에 대한 태도들:

방관, 사려, 오만　　인류세는 인류가 역사상 경험해 본 적이 없는 새로운 시대이다. 자본주의는 과학기술의 힘을 빌려 지구의 자원을 최대한 짜내어 소비를 늘릴수록 더 풍요롭고 안락한 삶을 누릴 수 있다고 약속했다. 그러나 자본주의의 장밋빛 청사진은 이제 바닥을 보이는 자원과 복구할 수 없는 지경에 이른 환경 앞에서 빛을 잃고 있다. 인류세의 위기는 화석연료의 소비와 자연에 대한 착취에 기반한 인류 문명과 삶의 양식을 더는 유지할 수 없게 되었음을 의미한다. 그러나 우리는 아직 이 새로운 시기를 어떻게 맞아야 할지 갈피를 잡지 못하고 있다.

　크뤼천은 인류세를 받아들이는 사람들의 태도를 세 가지로 말한다. 하나는 정말로 위기가 눈앞에 닥치기 전까지는 평소처럼 하던 대로 행동하는 것이다. 기후 변화나 생물 종 멸종 등은 오늘 당장 눈에 보이는 변화를 일으키지는 않는다. 상황이 그러하니, 어쩌면 위험을 느낀 타조가 모래 속에 머리를 파묻듯 경고등이 사방에서 울려도 일단 무시하고 보는 것이 인간적인 태도일지도 모른다. 문제는 지구 시스템이 움직이는 속도가 인간의 의사결정이나 경제 시스템의 작동 속도와는 맞지 않는다는 것이다. 지구 시스템의 변화는 장구한 지질학적 시간에 걸쳐 서서히 축적되어 가다가 티핑 포인트를 넘어가면 그때부터는 걷잡을 수 없이 퍼져 나간다. 그러므로 당장 눈앞의 변화가 나타나지 않는다고 마음 놓고 있다가 본격적으로 문제가 터지기 시작할 때에는 이미 변화를 되돌리기에 한참 늦은 후이다. 두 번째는 기후 변화의 위협이 사전에 대처해야 할 심각한 것임을 깨닫고 과학기술로 적절한 시점에 완화 조치를 취하는 것이다. 크뤼천은 발전한 기술로 관리하고, 지구 자원을 현명하게 이용하며, 인간과 가축 수를 통제하고, 자연환경을 신중히 이용하고 복구하자고 주장한다. 지구 시스템에 가중되는 인간의 위력을 덜어 내어 인류세 이전의 지구 시스템으로 되돌려야 한다는 것이다. 세 번째는 가장 적극적인 태도로서 뒤틀린 지구 시스템을 재편하는 지구공학적 시도이다. 지구 대기에 황산염 에어로졸을 분사함으로써 태양 복사열을 막으면 지구 온도를 적정 수준까지 낮출 수 있다는 주장이 이에 속한다. 크뤼천은 세 번째 지구공학적 시도에 대해 예측할 수 없는 부작용을 우려하는 조심스러운 입장을 보이지만, 기본적으로는 과학기술이 인류세의 위기에 해결책을 내놓을 수 있다는 믿음을 견지한다. 그는 『인류의 지질학*Geology of Mankind*』에서 과학자와 공학자들에게 인류세의 조타수로서 사회 환경이 지속 가능하도록 이끌어야 한다고 촉구했다.

크뤼천의 바람대로 인간이 과학과 기술로 위기를 완화하고 환경을 통제할 수 있을까? 〈투모로우〉, 〈설국열차〉, 〈인터스텔라〉. 이 세 편의 영화는 기후 재앙을 맞은 인류가 어떤 태도를 취하는지를 보여준다. 〈설국열차〉와 〈투모로우〉에서는 환경의 압도적인 힘 앞에서 무력한 인간의 모습이 그려진다. 〈투모로우〉에서는 갑자기 몰아닥친 빙하기에 사람이고 건물이고 바다고 할 것 없이 순식간에 얼어붙는다. 인간이 할 수 있는 일이라고는 괴물처럼 덮쳐 오는 한

기후 재앙을 소재로 한 세 편의 영화.
왼쪽 위에서부터 시계 방향으로
〈투모로우〉, 〈설국열차〉, 〈인터스텔라〉

파를 피해 필사적으로 도망치는 것뿐이다. 할리우드 영화에서는 미국이 외계인이든 혜성이든 인류를 위협하는 적을 물리치고 세계를 구하지만, 영화 〈투모로우〉 속 미국 대통령은 한파를 피해 멕시코로 향하는 길에서 속절없이 얼어 죽는다. 기후라는 대적할 수 없는 힘이 인간을 덮치는 〈투모로우〉의 세계에서 인간은 속수무책이다. 〈투모로우〉에서 인류가 절멸을 피한 이유는 인간의 능력 덕분이 아니라 빙하기가 6주 만에 물러갔기 때문이다. 〈설국열차〉에서는 기후 변화를 과학기술로 통제하려는, 인간의 무모한 시도가 더 큰 화를 불러온다. 영화가 시작되면서 나오는 내레이션은 기후 변화를 막기 위해 대기권에 살포한 CW-7이 도리어 빙하기를 불러와 세계가 멸망하고 간신히 살아남은 극소수의 인류가 무한궤도 열차에 올라타게 되었다고 설명한다. 크뤼천이 말한 지구공학적 시도가 실패한 결과를 보여 주는 장면이다.

환경을 자신의 의지대로 통제하지 못하는 인간의 무력함을 보여 준 두 편의 영화와는 달리, 〈인터스텔라〉의 인간들은 인류의 생존을 위협하는 자연의 힘에 맞선다. 그들은 자욱한 모래 폭풍에 태양이 가려진 지구에서 살아간다. 결국 극단적인 기후 재앙으로 죽음의 땅이 된 지구를 버리고 새로운 행성을 찾아 나선다. 인류의 마지막 희망이 될 우주 탐사에 선발된 주인공이 전직 우주비행사이자 엔지니어라는 점은 과학자와 공학자들에게서 여전히 해결책을 기대하고 있음을 보여 준다. 영화 속에 인용된 "어두운 밤을 쉬이 받아들이지 말라"는 딜런 토머스Dylan Thomas의 시구는 피할 수 없는 절멸에 분노하고 어둠 속으로 사라지기를 거부하는 인간의 위대함을 웅변한다. 그런 불굴의 의지가 황야를 개척하고, 문명을 발전시키고, 결국 인간을 모든 종을 지배하는 절대적인 포식자의 지위에 올려놓았을 것이다. 그러나 지구를 더는 생명이 살 수 없는 황무지로 바꾸어 놓은 것도 바로 그러한 인간의 의지였다. 죽음을 무릅쓰고 인류의 다음 세대를 위해 새로운 터전을 찾아 떠나는 주인공의 모습은 좋게 보자면 진취적인 태도라 하겠지만, 지구를 생명체가 살 수 없는 땅으로 망가뜨려 놓고 다른 살 곳을 찾는다는 것이 진정한 의미에서 해결책이 될 수 있을지는 의문스럽다. 인간의 삶의 방식 자체가 바뀌지 않는 한, 새로운 곳에 간다 한들 그곳에서도 똑같은 문제가 되풀이되지 않으리라는 법이 없다.

지구 생태계의 혼란을 벗어나 우주로 도피하려는 영화 속 계획이 실제로 추진 중이라고 한다. '페르세포네 프로젝트'는 "지구가 기후 변화나 핵전쟁, 생물전으로 인해 인간에게 쓸모없는 지대가 될 경우를 대비해 인간 문명을 보존해야 한다"고 취지를 설명한다. 이 프로젝트의 취지에 대해 『인류세』의 저자인 사회학자 클라이브 해밀턴Clive Hamilton은 이렇게 반문한다. "왜 우리가 인간 문명을 보존해야 한단 말인가? …… 문명을 태동시킨 자연 조건을 지켜 내지 못한다면, 그 문명은 얼마나 가치가 있을까?"

'선한 인류세'는 가능할까?

영화 〈인터스텔라〉는 자신이 만든 지옥에서 스스로

를 구해 내는 인류의 위대함에 대한 절대적인 믿음을 버리지 않는다. 이처럼 과학과 이성에 대한 무조건적인 신뢰를 바탕으로 인류세는 인류의 힘을 보여 주고 증명하는 시대라고 긍정적인 의미를 부여하는 이들까지 나오고 있다. 이렇게 '선한 인류세'가 가능하다고 낙관하는 이들이 에코모더니스트ecomodernist이다. 그중 대표적 인물인 얼 엘리스Erle C. Ellis는 역사적으로 인간이 자연 체계를 변화시켜 왔지만 지구는 늘 그러한 변화를 잘 수용하여 더욱 생산적으로 변모해 왔으며, 앞으로도 이러한 역학이 근본적으로 달라질 일은 없다고 주장한다. 지구는 인간의 지식과 기술로 통제할 수 있는 시스템이며, 이를 잘 사용하기만 한다면 인류세는 위기가 아니라 인류를 도약하게 하는 위대한 지질연대가 될 수도 있다는 것이다.

에코모더니스트들의 주장은 과학기술로 자연과 물질의 제약을 극복하고 인간의 능력을 무한히 확장할 수 있다는 전통적 휴머니즘에 뿌리를 두고 있으며, 그런 점에서 트랜스휴머니스트들의 입장과 유사하다. 자연은 인간이 통제 가능한 대상이며, 인간은 자연을 배경으로 잠재된 가능성을 실현한다. 그들은 서구 문명의 역사는 언제나 자연에 대한 인간의 전쟁, 물질에 대한 정신의 전쟁, 숙명에 대한 자유의 전쟁을 천명하며 전진해 왔고, 역사는 이런 끝없는 투쟁의 이야기였다고 주장한다. 이러한 에코모더니스트들의 주장은 지금 우리의 삶의 방식을 바꿀 필요가 없다고 설득하려 한다는 점에서 기후 변화를 부정하는 정치인이나 기업가와도 유사하다. 사실 지금까지 우리가 누려 온 안락함과 풍요로움을 포기하고 소비에 의존하는 삶의 방식을 자원과 환경의 보존을 우선시하는 쪽으로 바꾸기가 쉽지는 않다. 하다못해 커피숍에서 테이크아웃을 할 때가 아니면 종이컵에 커피를 담아 주지 않는다거나 플라스틱 빨대 대신 종이빨대를 써야 하는 사소한 변화조차 성가시게 느껴진다. 그러니 지금까지 우리가 해 온 방식에 아무런 문제가 없고 지금껏 살아온 대로 물질문명의 혜택을 누리며 살아도 괜찮다는 유혹의 목소리가 달콤하게 들릴 법도 하다. 모든 것을 집어삼키고 위기조차도 새로운 산업과 이윤을 창출할 기회로 삼는 자본주의는 환경 위기를 빌미 삼아 생태적 근대화를 표방하는 녹색산업혁명을 주창한다. 녹색산업혁명은 수소 연료 차량을 도입하는 등 에너지 효율을 높이고 환경 오염을 줄일 수 있는 신기술을 개발함으로써 현재의 환경 위기를 타개할 뿐 아니라, 이러한 신기술을 위한 새로운 시장까지 만들어 냄으로써 경제성장의 동력을 제공할 수 있다는 장밋빛 전망을 펼친다.

그러나 〈인터스텔라〉에서 지구를 떠나는 것이 근본적인 해결책이 될 수 없듯이, 기술로 인류세의 위기들을 해결할 수 있다는 믿음은 책임을 회피하고 싶은 심리에서 나온 것일 뿐이다. 해밀턴은 태양지구공학 기술에는 지배적인 정치, 경제 시스템을 보호하겠다는 암묵적 약속이 담겨 있다고 비판한다. 인류세가 이전에 경험해 본 적 없는 완전히 새로운 시대라는 사실은 '인간'이 어떤 존재인지에 대한 정의를 새롭게 해야 하며, 이를 바탕으로 모든 비-인간 존재와 환경과의 관계 또한 다시 고찰해야 함을 뜻한다. 인류세의 도래가 우리에게 전하는 분명한 메시지는 인류가 지금까지 다른 존재들과, 주변 환경과 관계 맺어 온 삶의 방식을 근본적으로 바꾸지 않고 이대로 살아갈 수는 없다는 사실이다. 역사학자 유발 하라리Yuval Harari는 지구 역사에서 인간이 너무 빨리 최상위층에 올라갔기 때문에 생태계도, 인간 자신도 그처럼 급격히 변화한 위치에 적응할 시간을 갖지 못했다고 지적한다. 그는 호모 사피엔스는 중남미 공화국의 독재자에 가깝다고 꼬집는다. 하라리의 비유를 통해 나타난 인간의 모습은 자신의 힘을 적절히 통제하고 올바로 쓸 수 있는 정신적 성숙함을 갖추기 이전에 너무 큰 힘을 손에 쥐게 된 어린아이와도 같다. 자신의 힘에 도취된 이 어린아이는 아직 그 힘을 가진 자에게 요구되는 책임의 무게를 제대로 깨닫지 못했다. 하라리는 "치명적인 전쟁에서부터 생태적 재앙에 이르기까지, 대부분의 역사적 재난은 이 같은 과도하게 빠른 도약에서 발생했다"는 말로 그 결과를 경고한다.

인간을 뒤덮고 있는
비-인간들

에코모더니스트와 트랜스휴머니스트들의 사상적 기반인 계몽주의적 휴머니즘의 인간 주체는 자연을 배경으로 자기의 의지를 실현해 나가는 독립적이고 자율적인 주체였다. 근대 이후의 자연은 그 자체로는 생명이 없는 죽은 객체로서의 자연이었다. 그렇기 때문에 인간이 마음대로 통제하고 이용하고 관리할 수 있는 수동적이고 무력한 대상이었다. 인류세에 들어와 자연과 인간의 역사가 하나로 합쳐지면서 자연이 더는 수동적인 객체가 아니라 인간과 공동의 지구 역사를 만드는 행위자가 되었다. 따라서 인간과 자연을 별개로 보는 근대 계몽주의의 관점을 유지할 수 없게 되었다. 다시 말해서 인간을 세계의 주인이자 중심에 두는 전통적인 인간중심주의의 문제를 되짚어 보고, 세계를 보는 관점과 태도를 바꾸어야 할 시점에 온 것이다.

　문학평론가이자 생태비평가인 티모시 모턴Timothy Morton은 '초과물hyperobject'이라는 개념을 통해 인간의 지각을 기준으로 세계를 인식하는 인간중심주의의 한계를 잘 보여 준다. 모턴은 인간의 외부에 시공간상 대규모로 분포하며 인간과 관련을 맺는 요소들을 '초과물'로 정의한다. 대표적인 예가 방사선, 탄화수소, 기후 변화 등이다. 초과물은 엄청난 규모 탓에 인간이 시공간적으로 인식할 수 있는 범위를 초월하지만 어디에나 존재한다. 예를 들어 우리는 빗방울이 이마에 떨어지는 감촉을 느끼고 빗방울의 존재를 감지할 수 있지만, 실제의 빗방울을 그 자체로 인식할 수는 없다. 시간상으로도 초과물이 존재하는 범위는 어마어마하다. 예를 들어 플루토늄-239의 반감기는 2만 4,100년에 이르기 때문에, 100년도 못 사는 인간으로서는 방사선의 효과를 이해하거나 느끼기가 어렵다. 인간의 척도를 기준 삼아 초과물을 인식하려고 하면 당연히 실패할 수밖에 없다. 초과물은 엄청난 규모로 인간의 기준을 쓸모없고 초라하게 만들어 버린다.

　『위험사회』를 쓴 사회학자 울리히 벡Ulich Beck의 표현을 빌리면 방사능이나 오염물질 등 "후기근대성 내에서 생산된 위험"들은 이러한 초과물의 특성을 공유한다. 이처럼 과학에 의해 새롭게 만들어지는 초과물의 존재는 인간이 보고 느끼는 감각을 통해서 익숙하게 알 수 있었던 세계의 종말을 고한다. 우리의 건강을 위협하는 라돈 성분이 함유된 침대나 가습기 살균제의 경우에도, 위험은 분명히 존재하고 있지만 전문가들이 과학적인 방법으로 측정해서 알려주기 전까지는 그 위험을 결코 인식할 수가 없다. 그러나 우리가 전체적이고 통일적인 관점에서 파악할 수 없다고 해서 빗방울의 실체가 존재하지 않는다거나, 인간이 인식할 수 있는 식으로만 존재하는 것은 아니다. 초과물은 인간의 감각으로 인식할 수 있는 범위를 넘어서 주관적으로는 인식할 수 없어도 분명 객관적 실체로 시공간에 존재한다. 따라서 초과물은 사물에 대한 우리의 주관적 인식과 객관적 실체 사이의 간극을 보여준다. 우리가 기후 변화를 일상에서 인지하기 어려운 이유도, 실제로 이런 일이 일어나지 않기 때문이 아니라 그 시공간적 규모가 우리의 인식 범위를 초월하기 때문이다. 우리는 부분적으로, 혹은 일시적으로밖에는 이 현상을 감지할 수 없다. 초과물의 존재는 내가 직접적으로 경험하거나 느낄 수 없다고 부정할 수 있는 것이 아니다. 초과물은 인간의 감각이 지닌 한계를 깨닫고 인정하도록 요구한다.

눈에 보이지 않으나 도처에 존재하는 초과물은 우리에게 달라붙고 우리의 일부가 되는 점성이 있다. 지구온난화로 인하여 강렬해진 햇빛은 화상이나 피부암의 형태로 우리의 일부가 된다. 비스

페놀 A, 방사선, 수은 또한 보이지 않지만 우리 몸속을 흘러 다닌다. 모턴은 이렇게 말한다. "초과물을 이해하려 애쓰면 애쓸수록, 그것들이 달라붙어 있음을 발견하게 된다. 초과물들은 나를 온통 뒤덮고 있다. ······ 초과물이 곧 나이다." 우리는 오랫동안 나라는 주체와 객체 사이에는 견고하고 확실한 경계가 존재하며 그 경계 밖의 자연, 환경, 모든 비-인간 요소들을 우리가 통제하고 파악하고 조작할 수 있는 대상이라 믿었다. 그러나 초과물은 그러한 우리의 오랜 믿음을 무너뜨린다.

내 몸 밖의 환경과 나라는 존재를 가르는 경계는 외부의 영향을 차단하는 딱딱하고 견고한 껍질이 아닌, 공기와 습기가 들고 나며 순환하는 투과성 막이다. 생태비평가 스테이시 알라이모Stacy Alaimo는 이러한 환경과 상호 연관되고 환경 속에 체현된 생태적 인간 주체 개념을 '횡단-신체성'이라는 용어로 표현한다. 그녀는 인간의 몸은 고정되고 닫힌 경계로 둘러싸인 것이 아니라 다른 몸들과 상호적으로 영향을 주고받으면서 언제나 변형되는 과정에 있다고 말한다. 우리의 물질적 자아는 경제적, 정치적, 문화적, 과학적, 물질적 연결망과 복합적으로 얽힐 수밖에 없기 때문에, 외관상 안과 밖의 경계가 분명했던 인간 주체는 이제 불확실성의 소용돌이 속에 놓이게 되었다. 횡단-신체성 개념은 모든 것이 서로 연결되어 있으며, 인간도 물질적인 세계의 구성 요소 중 하나라는 인식을 심어 준다. 화학 물질과 방사성 물질은 눈에 보이지 않지만 내 몸속으로 침투해 뒤섞이면서 나를 변화시키고 있다. 초과물의 시대에는 개인적인 것, 주관적인 것이 존재할 수 없다. 안전한 곳에 멀리 떨어져서 환경을 객관적으로 관찰하고 묘사하는 것은 불가능하다. 생태학의 기본 명제처럼, "모든 것은 모든 것과 연결되어 있다."

성난 가이아의

침입　비-인간 존재들은 인간의 의지에 따라서 필요한 대로 구성하거나 인간의 지식으로 완전히 파악할 수 없다. 그런 점에서 인간으로부터 독립된 그 나름의 행위성을 갖는다고 할 수 있다. 홍수와 산불 등 기후 변화로 인한 환경 재앙들은 인간 활동에 대한 자연의 반작용인 셈이다. 과학철학자 브루노 라투르Bruno Latour는 인류세에 지구가 행위자로 등장함을 설명하기 위하여 가이아Gaea 개념을 빌려온다. 가이아는 고대 그리스 신화에 나오는 대지의 여신으로, 1972년 과학자 제임스 러브록James Lovelock이 그의 논문「대기권 분석을 통해 본 가이아 연구」에서 처음 제시했다. 그는 지구시스템을 인간과 상호 작용하여 모든 생명체들이 살아갈 수 있는 조건을 만들어 주는 살아 있는 전체로 보아야 한다고 주장한다. 그 시스템을 가리키는 비유적인 표현이 가이아 개념이다. 가이아 이론은 근거가 부족한 비과학적이고 신비주의적인 이론이라고 많은 비난을 받았지만, 90년대 들어 이에 대한 과학적인 증거가 나오면서 얼마간 인정을 받게 되었다. 라투르는 러브록의 가이아 개념을 차용하되, 그가 사용했던 것과는 좀 다른 의미를 부여한다. 라투르에게 가이아는 인간이 착취해야 할 자원도, 존중하거나 보호해야 할 경이의 대상도 아니다. 가이아는 인간을 너그럽게 품어 주는 자비로운 모성신이 아니라 인간의 힘으로 통제할 수 없는 광포하고 때로는 잔인한 신이다. 인간에게 관심이 없고, 공룡을 멸종시켰듯이 인간도 멸종시킬 수 있는 비인간적이고 무자비한 힘이다.

과학보다는 신화에 가깝다고 비난받았던 가이아의 개념을 라투르가 다시 가져온 이유는 행위자로서의 지구 시스템에 폭넓고 다양한 문화적 함의를 부여할 수 있기 때문이다. 라투르는 가이아라는 문학적이고 신화적인 비유에서 찾을 수 있는 독특한 효용에 주목한다. 인류세 문제는 인간과 비인간, 과학과 인문학, 자연과 인간이 복잡하게 뒤얽혀 있기 때문에, 과학적이고 이성적인 사고방식만으로는 이해하거나 해결하기 어렵다. 기후 변화 부인론자들을 비롯해 인간에 의한 자원 고갈과 환경 파괴의 돌이킬 수 없는 영향을 인정하지 않으려 하는 사람들은 항상 더 확실하고 더 과학적인 증거를 요구한다. 하지만 인간의 감각이 초과물의 존재를 지각할 수 없듯 현재의 과학이 모든 잠재된 위기의 영향과 인과관계를 전부 다 밝혀내지는 못한다. 티모시 모턴은 인류세에 우리가 겪고 있는 문제를 이성적으로 설득해서 해결하는 것은 한계에 왔다고 말한다. 그러므로 인간중심주의에서 벗어나 비-인간 존재들과 새로운 관계를 모색하기 위해서는 이성에 기대기보다 오히려 마법 같은 예술의 힘으로 인간을 설득하고 변화시키는 편이 더 적절할 것이라고 말한다.

인도 출신의 작가 아미타브 고시Amitav Ghosh는 "인류세의 위기는 상상력의 위기"라고 하였다. 인류세의 위기는 인류 전체와 생물

종의 절멸을 가져올 수 있는 심각성에 비해 여전히 진지한 관심과 구체적인 행동의 변화를 끌어내지는 못하고 있다. 우리가 평온한 일상 저 멀리에서 무섭게 변화하고 있는 가이아의 존재를 상상할 수 없다면, 환경 위기로 고통받는 다른 인간과 비-인간들의 곤경을 상상할 수 없다면, 지금-여기를 넘어선 다른 삶의 가능성을 상상할 수 없다면, 인류세는 인류 역사가 도달한 막다른 골목이 될지도 모른다.

지구 이야기로서

『체르노빌의 목소리』

인류세의 변화된 주체 개념은 이 전례 없는 새로운 세계를 이해하고 서술할 수 있는 다른 이야기를 요구한다. 그것은 라투르의 표현을 빌리면 대문자 역사History가 아닌 지구 이야기가 될 것이다. 언제나 인간을 중심에 놓고 인간의 이야기를 다루었던 문학에 비-인간 행위자들이 등장하는 인류세는 새로운 도전이다. 문학은 전통적으로 사회, 정치와의 관계 속에서 인간이 성장하고 자아를 만들어 가는 과정을 읽어 냈다. 그러나 인류세에 와서는 이제 그 맥락을 확대하여 비-인간 존재들과의 관계 속에서 인간 주체가 어떤 식으로 구성되고 살아가는가에 대해서도 이야기해야 하게 되었다. 인류세의 이야기는 인간 혼자서 만들어 가는 이야기가 아니라, 주변의 무수한 살아 있는 것과 살아 있지 않은 것들이 얽히고 뒤섞이면서 소용돌이치는 형태가 될 것이다.

2015년 노벨문학상을 수상한 우크라이나 작가 스베틀라나 알

체르노빌 원전의 현재 모습(2013)

렉시예비치Svetlana Alexievich의 『체르노빌의 목소리』는 인류세를 직접 다루지는 않았으나 인류세의 이야기 가능성을 보여 주는 한 예가 될 만하다. 이 책은 1986년 4월, 체르노빌 원전 폭발 사고 이후 10여 년에 걸쳐 이를 목격하거나 경험한 이들로부터 수집한 증언들을 모은 기록문학이다. 이 책을 전통적인 의미의 '소설'이라 부르기는 어렵다. 이 이야기에 어떤 식으로든 정리된 결말 따위는 없다. 사실 체르노빌은 끝이 있을 수가 없는 이야기이다. 방사성 물질의 반감기는 수만 년에 이른다. 지금도 체르노빌 원전은 콘크리트로 봉인하여 더는 터지지 않도록 거대한 석관으로 덮어 놓은 상태일 뿐이다. 그 주변은 다크 투어를 하러 온 호기심 많은 관광객들이나 들여다보는 죽음의 땅이 되었다.

"한 마을에 차를 세웠는데, 그 정적이 놀라울 정도였다. 새조차도, 아무것도 없었다. 길을 걸어도 적막했다. 사람이 떠나고 없어 민가가 죽었다고 하더라도, 새도 한 마리 없었고 모든 것이 잠잠했다. 새 없는 땅은 그때 처음 봤다. 모기도, 아무것도 날아다니지 않았다."

『체르노빌의 목소리』는 전체 서사를 이끌어 가는 한 명의 주인공 대신 대재앙의 경험을 둘러싸고 범람하는 무수한 목소리들을 담고 있다. 하나의 거대 담론에 담기지 않고 흘러넘치는 이 이야기들은 형언할 수 없는 대재앙에 대한 개인의 주관적인 경험이면서 이를 몸으로 겪고 목격한 이들의 생생한 증언이다. 소방관과 노동자들이 로봇조차도 작동을 멈추었을 만큼 높은 수치의 방사능 속에서 작업을 했다. 그들이 그 후에 겪은 지옥 같은 고통을 나라를 구하기 위해 불가피했던 애국적이고 영웅적인 희생이라고 찬양할 수는 없다. 방사능의 재앙은 인간한테만 닥치는 것이 아니라서, 이 목소리들에는 인간들뿐 아니라 체르노빌의 모든 산 것들과 자연이 겪은 고통과 참상까지 담겨 있다. 사고 당시 소련 당국은 주민들을 다소개한 후 마을에 남은 가축이나 야생동물들을 하나씩 다 쏘아 죽였다. 오염되었기 때문에 살려 둘 수가 없었던 것이다. 주민들이 키우다가 버리고 간 개나 고양이들이 인적이 끊겼던 마을에 나타난 사람들이 반가워서 뛰어 나오면 하나씩 총을 겨눠 쏘아 죽였다. 흙도 모조리 파내서 콘크리트 관에 넣어 묻었다. 증언자들의 표현을 빌리면 "땅 껍질을 벗겼다." 흙 속에는 지렁이며 온갖 벌레들이 꿈틀대었다. 그 자체로 살아 있는 흙을 죽이는 것이다. 이를 목격하고 충격받은 사람들은 작가에게 인간이 그 미물들한테 얼마나 못할 짓을 했는지, 우리가 어떤 죄를 지었는지 꼭 기록해서 다른 사람들에게도 전해 달라고 간곡히 부탁한다. 알렉시예비치는 체르노빌 땅의 사람은 불쌍하지만 동물은 그보다 더 불쌍하다고 말한다. 사람은 자신만 구하고 나머지는 다 배반했다.

이 이야기들은 주관과 객관, 과거와 미래, 나와 타자의 경계와 거리가 돌이킬 수 없이 붕괴하는 순간을 증언하고 기록한다. 알렉시예비치는 핵 공포가 국경을 허물었고 과거 정치에서 사용되던 '우리-남'이나 '멀다-가깝다' 같은 어휘는 이제 통하지 않게 되었다고 말한다. 체르노빌 사고 당시 핵 구름이 아프리카와 중국까지 도달하는 데 불과 나흘밖에 걸리지 않았다. 물론 한국에서도 낙진이 검출되었다. 우리가 절멸의 위협이라는 공동의 운명 아래 놓인 존재라는 인식은 인간들을 넘어 비-인간 존재로까지 확대된다. 알렉시예비치는 체르노빌은 단순한 지식이 아니라 선先지식이라고 말한다. 체르노빌로 인해 사람이 자신과 세계를 이해하던 방식과 갈등하게 되었기 때문이다. 알렉시예비치는 이 책에 '미래의 연대기'라는 부제를 붙였다. 원자로 폭발로 인하여 최악의 대재앙이 발생한 장소는 일직선적인 진보의 시간관에 의거한, 과거와 미래의 단절을 상징하는 초시간적인 공간이 되었다. 알렉시예비치는 그곳에서 과거를 통해 미래를 본다. 그 과거로부터 배우지 못한다면, 우리가 맞이할 미래는 이미 목도한 과거의 모습을 띠고 나타날 것이다.

인간의 숙명,
지구에 묶인 자   기후 변화를 우려하는 이들은 현재의 위기가
그야말로 물이 가득 담긴 컵에 마지막 한 방울을 더하는 '티핑 포인
트'에 다가가고 있음을 경고한다. 한계점을 넘으면 그 이후에는 무
수히 많은 요인들이 서로 영향을 주고받으면서 위기는 걷잡을 수
없이 증폭될 것이다. 그러나 이러한 목소리들은 아직까지는 트로이
가 멸망할 거라고 외치던 카산드라의 목소리처럼 공허하게 울린다.
2019년 기후정상회의에서 트럼프는 툰베리의 연설을 제대로 듣지
도 않았고, 자신의 트위터에 조롱하듯 "밝은 미래를 고대하는 행복
한 소녀처럼 보인다"는 글을 올렸다. 그리고 그는 보란 듯이 파리기
후협약에서 미국의 탈퇴를 공식 통보했다. 파리기후협약이 부과하
는 탄소 배출량 제한 의무가 미국 경제와 노동자들에게 부담이 된
다는 이유에서였다. 파리기후협약은 지구 평균 기온 상승폭을 2도
이내로 제한하는 것을 목표로 하고 있지만, 사실 이것은 최소한의
현실적인 목표에 불과하다. 그런데 트럼프는 그마저도 지킬 수 없
노라고 판을 엎고 나가 버린 것이다. "우리를 실망시킨다면 결코 용
서하지 않을 것"이라는 툰베리의 준엄한 경고도 그의 귀에는 닿지
않는 듯하다.

    우리는 점점 더 기계적인 것들과 접속되고 정보 테크놀로지의
발전으로 삶의 영역을 가상 세계로까지 확장하고 있다. 기술과 과

학의 유토피아적 전망은 인간의 물질적 한계를 초월할 수 있다고 우리에게 약속한다. 그러나 바로 그 순간, 인류세와 환경의 이야기는 우리를 다시 이 땅으로, 한계를 지닌 연약하고 유한한 육신으로 끌어내린다. 인류세의 이야기는 단순히 인간의 종말에 관한 어둡고 음울한 경고가 아니다. 그보다는 우리가 포스트휴먼이 된다는 것이 진정으로 어떤 의미인가에 대한 이야기이다. 포스트휴먼이 된다는 것은 정신을 컴퓨터에 업로드하고 기계적 보철 장치로 신체 기능을 강화하는 것이 아니다. 그것은 인간이 투공성透孔性의 존재이며 주변 환경과 모든 비-인간 존재들과 연결되어 운명을 함께하는 존재임을 깨닫는 것이다. 라투르는 이를 '지구에 묶인 자Earthbound'라고 표현했다. 인류세가 인간의 마지막 시대가 되기를 원치 않는다면, 지질학적 세기를 바꿀 만큼 강력한 힘을 지녔으나 다른 모든 비-인간 존재들에 의존해야만 하는 인간 존재의 연약함과, 인간의 강력한 힘에 의해 한순간에 파괴되지만 인간을 압도하고 절멸시켜 버릴 수도 있는 비-인간 존재들의 광포한 힘에 대해 숙고해야 할 때이다. 과학사가 도나 해러웨이Donna Haraway는 인류세에 대한 두 가지 반응, 곧 기술적 해법이 인류를 구원할 것이라는 믿음과, 반면에 이미 모든 것이 늦었고 어떤 노력도 무의미하다는 비관주의 모두를 비판한다. 우리가 인류세를 살아가기 위해서는 『곤란들과 함께 머물기 Staying with Troubles』라는 해러웨이의 책 제목처럼, 이 곤란들과 함께 이 자리에 기꺼이 머물겠다는 자세가 필요한지도 모른다. 과학기술이 구원해 주리라는 환상 없이, 이 곤란들이 우리를 조만간 피할 수 없는 절멸로 몰고 가리라는 냉소적인 절망도 없이.

　이제 우리는 다른 이야기를 찾아야 할 시점에 왔다. 그 이야기는 인간만이 쓸 수 있는 것이 아니다. 바로 그 깨달음으로부터 비로소 새롭게 시작되는 이야기이다. 인간과 나무, 새, 바위, 이끼, 흙이 함께 엮어 나가는 인류세의 이야기는 무엇과 얽히면서 어디까지 이어져서 어디에서 끝날지 아무도 알 수 없다. 그 새로운 이야기를 함께 상상하고 만들어 나가는 능력에 우리의 생존과 지구의 미래가 달려 있다.

참고문헌

1장

― 현생 인류의 근연종으로 네안데르탈인이 유명하지만 최근에는 최소한 데니소바인을 비롯한 더 많은 근연종이 홍적세 후기 3~4만 년 전까지 현생 인류와 공존했다는 사실이 밝혀졌다. 이에 관한 흥미진진한 서술은 스반테 페보(Svante Paabo)의 『잃어버린 게놈을 찾아서』(부키, 2015)를 참조하라. '넥스트 렘브란트 프로젝트'에 대한 소개(35쪽)는 다음의 사이트(https://news.microsoft.com/europe/features/next-rembrandt/)에 자세하다. 또 EMI가 작곡한 음악(36쪽)은 유튜브에서 손쉽게 찾아 감상할 수 있다. 예를 들어 EMI가 '작곡한' 바흐 스타일 찬송가를 듣고 싶다면 해당 유튜브(https://www.youtube.com/watch?v=PczDLl92vlc)를 방문하면 된다. 인공지능이 무엇인지, 그리고 인공지능과 관련된 사회적, 경제적, 법적, 윤리적 쟁점이 무엇인지에 대해 간단하게 살펴보고 싶다면 제리 카플란이 쓴 인공지능 개설서[『인공지능의 미래』(한스미디어, 2017)]를 읽어 보길 권한다. 근대 시기에 법적 인격이 다양한 방식으로 확대 규정되고 일상화하면서(51쪽) 세계 금융 체계를 비롯한 현대 사회의 제도적 기반이 마련되는 과정에 대해서는 니얼 퍼거슨(Niall Ferguson)의

『금융의 지배』(민음사, 2010)를 참고하라.

2장

— 휴 허의 테드 강연(66쪽)은 테드 홈페이지(https://www.ted.com/talks/hugh_herr_how_we_ll_become_cyborgs_and_extend_human_potential?language=ko)에서 볼 수 있다. 신체미술가 생트 오를랑(68~70쪽)에 관한 더 자세한 정보는 그녀의 홈페이지(https://www.orlan.eu/works/performance-2/)에서 확인할 수 있다. 커즈와일의 『특이점이 온다』(김영사, 2007)는 '기술적 특이점'(71~72쪽)에 관한 심층적 내용으로 안내해 줄 것이다. 또 앤디 클락의 사이보그 이론(73쪽)은 『내추럴-본 사이보그』(아카넷, 2015)에 자세하다. 니체의 작품 인용(83쪽)은 장희창이 옮긴 『차라투스트라는 이렇게 말했다』(민음사, 2004)의 19쪽에 나온다.

3장

— '첫 번째 장면'에서 초기 인큐베이터를 소개한 머브 엠리의 글(88~89쪽)은 『재생산에 관하여』(마티, 2019) 11쪽에서, '두 번째 장면'에 나오는 페미니스트 파이어스톤의 글(90쪽)은 『성의 변증법』(꾸리에, 2019) 283쪽에서 인용한 것이다. 적극적 재생산권에 대한 옹호 논리(99~101쪽)도 엠리의 글을 참조한 것이다. 남성 불임인구의 급격한 증가 요인을 분석한 내용과 표(102쪽)는 하정옥의 2015년 논문「「한국의 임신출산 거래 연구: 생식기술과 부모됨의 의지」,《페미니즘 연구》15(1)]에서 가져온 것이다. 또한 재생산 기술로의 진입이 아기를 갖고

자 하는 욕망을 증폭시킨다는 주장(102쪽)도 그 연구를 참조했다. 한국과 미국에서 체외 수정 후 남은 '잔여' 배아와 난자의 처리에 관한 문제(104~107쪽)는 각각 다음의 글과 책의 도움을 받았다.[정연보, 「잔여배아와 난자의 연구목적 이용을 둘러싼 쟁점」,《한국여성학》, 29(1), 2013; 데보라 스파, 심재관 역, 『베이비 비즈니스』, (한스미디어, 2007)]. 스파의 책에는 미국에서 냉동배아 입양 시장이 생성된 배경과 논리에 대한 설명이 포함되어 있다. 냉동배아와 재생산 의학의 연관성(107쪽)과 글로벌 생체노동 시장에 대한 논의(108쪽)는 멜린다 쿠퍼의 진단[『잉여로서의 생명』(갈무리, 2016)]을 참고했다. 한국의 대리모 사례(109~110쪽)는《한겨레》(2019. 7. 13.)에 「"대리모 일을 그만두려면 대리모를 할 수밖에 없었다"」는 제목으로 소개된 바 있다.

4장

— 로봇 학대 논란을 빚은 보스턴 다이나믹스사의 로봇 개발 장면(116쪽)은 유튜브(https://www.youtube.com/watch?v=4PaTWufUqqU&t=23s)에서 볼 수 있다. 아이보의 장례식을 소개하는 KBS〈시사기획 창〉의 '차가운 기계, 뜨거운 사랑' 편(118쪽)은 해당 프로그램 홈페이지(http://news.kbs.co.kr/news/view.do?ncd=3412919)에서 시청할 수 있다. 리얼돌 회사의 창립자이자 하모니를 만든 매트 맥멀런의 인터뷰(119쪽)는 해당 유튜브(https://www.youtube.com/watch?v=wfeD-SHUHeo)에서 볼 수 있다. '동물질문'과 '기계질문'에 대한 건켈의 논의(125~127쪽)는 *The Machine Question: Critical Perspectives on AI, Robots, and Ethics*(MIT Press, 2017)를 참고하라. 로봇과 관계 맺는 방식에 대한 네 가지 입장(128~129쪽)은 건켈의 다른 책

Robot Rights(MIT Press, 2018)를 참고했다. 관계론적 접근에 관한 쿠헬버그의 논의(132~133쪽)는 *Growing Moral Relations: Critique of Moral Status Ascription*(Palgrave Macmillan, 2012)을 참조하라.

5장

— 원고 첫머리(147~148쪽)에 인용한 세 '장면'의 사례는 다음의 방송 및 신문 기사 내용을 참고했다. '장면 1'은 2018년 CNN 2월 5일 자 보도인 "Dow plunges 1,175—worst point decline in history"를, '장면 2'는《월스트리트 저널》 2019년 8월 30일 자 기사인 "Fraudsters Used AI to Mimic CEO's Voice in Unusual Cybercrime Case"를, '장면 3'은《가디언》의 2016년 11월 10일 자 기사인 "Facebook's failure: did fake news and polarized politics get Trump elected?"를 각각 참고했다. 심리 조작에 이용되는 소셜미디어의 사례를 제시한 세 '장면'의 사례 또한 다음의 글을 참고했다. '장면 4'(160쪽)는《미국 국립과학원회보》에 실린 논문 "Experimental evidence of massive—scale emotional contagion through social networks"(Kramer, Guillory, Hancock, *PNAS*, 2014. 6. 17.)를, '장면 5'(162쪽)는 2019년 2월 18일 자《허핑턴 포스트》의 "YouTube Is Behind The Rise In Flat Earth Believers, Researcher Says"와 2018년 2월 2일 자《가디언》의 "How an ex-YouTube insider investigated its secret algorithm" 보도를 함께 참고했다. '장면 6'(162쪽)에서는 CNN 2019년 12월 18일 자 "Facebook, Google and Twitter's political ad policies are bad for democracy" 보도를 참고했다. 알고리즘의 조작 가능성과 그 편향성에 대

한 인용과 사례(165~166쪽)는《뉴욕 타임스》2016년 7월 29일 자 보도인 "Big Data Should Be Regulated by 'Technological Due Process'"와 같은 신문 6월 25일 자 보도인 "Artificial Intelligence's White Guy Problem"을 각각 참고했다. 페이스북 옛 경영진의 비판 인용(168쪽)은《워싱턴 포스트》의 2017년 12월 13일 자 기사인 "Former Facebook VP says social media is destroying society with 'dopamine-driven feedback loops'"를 참고했다.

6장

― 포스트노동을 사유하는 데 도움을 줄 수 있는 아렌트의 통찰은『예루살렘의 아이히만』(한길사, 2017)과『인간의 조건』(한길사, 2017)에서, 시몽동의 통찰은『기술적 대상들의 존재양식에 대하여』(그린비, 2011)와『시몽동의 기술철학』(아카넷, 2017)에서, 그리고 스티글레르의 통찰은『고용은 끝났다, 일이여 오라!』(문학과지성사, 2018)와『자동화 사회 1』(새물결, 2019)에서 더 깊이 찾아볼 수 있다.

― 해외 기본소득 제도의 시행 사례를 정리한 표(197쪽)는 2019년 6월 27일 자《아시아경제》의「세계는 기본소득 논쟁 중 …… '재원 마련'이 최대 과제」를 참고했다. 또한 알래스카주의 주민배당금 지급 추이를 정리한 표(198쪽)는《앵커리지 데일리 뉴스(Anchorage Daily News)》의 기사를 활용했으며 이 자료의 출처는 영구기금 회사(Permanent Fund Corp.)와 미국 노동부(US Department of Labor)이다.

7장

― 인공지능이 곧 인간노동을 대체할 것이라는 전망은 앤드류 맥아피와 에릭 브린욜프슨의 책들에서 쉽게 확인할 수 있다. 다른 저자들에 비해 조심스러운 면은 있지만 결론에서 제시되는 내용은 지배적인 전망과 크게 다르지 않다.[『머신, 플랫폼, 크라우드』(이한음 옮김. 청림출판. 2018)와 『제2의 기계시대』(청림출판, 2014)]. '인공지능을 도와주는 인간노동'에 대해서는 하대청의 2018년 논문(「루프 속의 프레카리아트: 인공지능 속 인간노동과 기술정치」,《경제와 사회》제118호, 277~305쪽)을 참고했다. '콘텐츠 조정'을 다룬 단행본은 거의 출간과 동시에 국내에 번역 출간됐다. 메리 그레이와 시다스 수리의 책(신동숙 옮김, 『고스트워크: 긱과 온디맨드 경제가 만드는 새로운 일의 탄생』, 한스미디어, 2019)을 참조하라. 기술의 유지와 보수보다 혁신에만 관심을 쏟는 태도에 대한 비판은 기술사학자 데이비드 에저턴의 책(『낡고 오래된 것들의 세계사』, 휴먼사이언스, 2015)과 러셀과 빈셀의 글[Andrew Russel and Lee Vinsel, "Hail the maintenances," *Aeon*(07 April)]을 참조했다. 딥러닝 인공지능의 한계에 대해선 인공지능 연구자인 게리 마커스의 다음 논문과 글을 참조했다.[Gary Marcus, "Deep Learning: a critical appraisal," arxiv.org. 2018. https://arxiv.org/abs/1801.00631; Gary Marcus, "The deepest problem with deep learning," Medium.com 2018. https://medium.com/@GaryMarcus/the-deepest-problem-with-deep-learning-91c5991f5695.(검색일 2019년 2월4일)]. 다른 국가와 달리 로봇의 도입과 자동화가 일자리의 위협이 되지 않는 상황은 다음의 신문기사를 참조했다.[Peter S. Goodman, "The Robots Are Coming, and Sweden Is Fine," The New York Times Dec. 27. 2017. (검색일 2019년 12월 29)].

— 로봇들 사이로 구걸하는 인간을 그린 《뉴요커》(2017년 10월 26일 발행)의 표지 일러스트(209쪽)는 키쿠오 존슨(R. Kikuo Johnson)의 작품이며, 콘텐츠 조정 일을 하는 인도 여성을 찍은 레베카 콘웨이(Rebecca Conway)의 사진(214쪽)은 《뉴욕 타임스》 2019년 8월 16일 자에 실려 있다. 또 딥러닝 기술이 영상을 인식하는 실례를 보여 주는 227쪽의 그림은 앞서 참고문헌에서 소개한 개리 마커스의 글에서 함께 제시되었다.

8장

— 2019년 베니스 최악의 홍수 발생 원인에 대한 진단(234쪽)은 《노컷뉴스》 권민철 기자의 「반백년만의 大홍수 베니스 … 수위 또 160cm 올라」(https://www.nocutnews.co.kr/news/5244697)를 참고했다. 파울 크뤼천의 인류세 논의(237쪽)는 학술지 《암비오(*Ambio*)》 2007년 36권 8호에 실린 논문 "The Anthropocene: Are Humans Now Overwhelming the Great Forces of Nature"와 2002년 《네이처》에 실린 "Geology of Mankind"를 참조했다. 이와 함께 제시된 지질학상의 연대표는 《연합뉴스》 2016년 8월 30일 자에 실린 그래픽 자료를 재구성하여 실었다. 디페시 차크라바르티의 논의(239쪽)는 "The Climate of History: Four Theses"(*Critical Inquiry* 35, 2009)의 내용이다. 인류의 우주 도피 계획을 실현 중인 '페르세포네 프로젝트'(244쪽)는 클라이브 해밀턴의 『인류세: 거대한 전환 앞에 선 인간과 지구 시스템』(정서진 옮김, 이상북스, 2018)에서 자세히 소개하고 있다. 본문에서 해밀턴의 인용은 같은 책의 230~232쪽에 나온다. 얼 엘리스의 글(245쪽)은 "The Planet of No Return: Human Resilience on an Aritificial Earth"(*The Breakthrough*

Journal no.2, 2001)에 나온 것이다. 유발 하라리가 인류에 사고 전환의 필요성을 경고하는 대목의 인용(247쪽)은 『사피엔스』에서 가져왔다. 티모시 모턴의 '초과물' 개념을 통한 인간중심주의 논의(248쪽)는 *Hyperobject: Philosophy and Ecology after the End of the World*(University of Minnesota Press, 2013)의 내용을 참조한 것이다. 횡단 신체성 개념에 관한 소개(250쪽)는 스테이시 알라모의 『말, 살, 흙: 페미니즘과 환경정의』(윤준, 김종갑 역, 그린비, 2010)에서 가져왔다. 브루노 라투르의 가아이에 관한 논의(251~252쪽)는 *Facing Gaia: Eight Lectures on the New Climate Regime*(Polity, 2017)에서 가져왔다. 아미타브 고시(252쪽)의 인용문은 *The Great Derangement: Clamate Change and the Unthinkable*(University of Chicago Press, 2016)에 나오는 내용이다. 원전 사고 후 체르노빌의 황량한 풍경(255쪽)은 한 관찰자(이리나 크셀레바)의 증언을 인용한 것으로 본문에 소개한 『체르노빌의 목소리』(김은혜 옮김, 새잎, 2011)의 351쪽에 나온다.

신상규

이화여자대학교 이화인문과학원 교수

서강대학교에서 경영학과 철학을 전공하고, 미국 텍사스대학교(오스틴)에서 철학 박사학위를 받았다. 주요 관심 분야는 심리철학, 인공지능의 철학, 트랜스휴머니즘, 포스트휴머니즘이다. 지은 책으로 『호모 사피엔스의 미래』, 『푸른 요정을 찾아서』, 『인문테크놀로지 입문』(공저)이 있다.

이상욱

한양대학교 철학과 교수

서울대학교 물리학과를 졸업하고 같은 학교 대학원에서 석사학위를 받았으며, 영국 런던정경대학교(LSE)에서 철학 박사학위를 받았다. 현재 유네스코 과학기술윤리위원회(COMEST) 위원으로 활동 중이다. 지은 책으로 『과학은 이것을 상상력이라고 한다』, 『과학으로 생각한다』(공저), 『욕망하는 테크놀로지』(공저), 『과학은 논쟁이다』(공저) 등이 있다.

이영의
고려대학교 철학과 객원교수

고려대학교 철학과를 졸업하고 뉴욕주립대학교에서 박사학위를 받았다. 강원대학교에서 정년 퇴임하고 한국인문치료학회 회장으로 활동 중이다. 주요 관심 분야는 베이즈주의, 인지과학철학, 포스트휴머니즘, 철학치료 및 인문치료이다. 지은 책으로는 『베이즈주의』, 『입증』(공저), 『몸과 인지』(공저), *Practicing Philosophy*(공저) 등이 있다.

김애령
이화여자대학교 이화인문과학원 교수

이화여대와 베를린 자유대학에서 철학을 공부했다. 주요 관심 분야는 해석학, 여성주의 철학, 포스트휴먼 연구에 걸쳐 있다. 지은 책으로 『여성, 타자의 은유』, 『은유의 도서관』, 『포스트휴먼의 무대(공저)』 등이 있고 「이방인과 환대의 윤리」, 「사이보그와 그 자매들」, 「변형의 시도」 등의 논문을 썼다.

구본권
한겨레신문 기자

서울대학교 철학과를 졸업하고, 한양대학교에서 언론학 박사학위를 받았다. 1990년부터 《한겨레》 기자로 일하고 있으며, 한겨레 사람과디지털연구소장, 서울시교육청 미래교육 전문위원, 한양대학교 신문방송학과 겸임교수를 지냈다. 지은 책으로 『로봇시대, 인간의 일』, 『공부의 미래』가 있다.

김재희
을지대학교 교양학부 교수

서울대학교에서 철학 박사학위를 받았다. 이화여대 HK연구교수와 성균관대 초
빙교수 역임했다. 지은 책으로 『시몽동의 기술철학』, 『베르그손의 잠재적 무의
식』이 있고, 옮긴 책으로 『기술적 대상들의 존재양식에 대하여』, 『에코그라피』,
『도덕과 종교의 두 원천』 등이 있다.

하대청
광주과학기술원 기초교육학부 교수

서울대학교 과학사 및 과학철학 협동과정에서 과학기술학 박사학위를 받았다.
생의료기술, 인공지능과 디지털 기술 등 과학기술이 우리의 노동, 건강과 일상
등을 만들어가는 방식과 그 사회적 문화적 효과를 연구하고 있다. 함께 쓴 책으
로 『생명정치의 사회과학』, 『포스트휴먼 시대의 휴먼』, 『4차산업혁명과 새로운
사회윤리』, 『인공지능과 새로운 규범』 등이 있다.

송은주
이화여대 강사, 번역가

이화여대 영문과를 졸업하고 같은 학교 대학원에서 박사학위를 받았다. 이화인
문과학원 HK 연구교수를 거쳐 현재 성균관대, 이화여대, 건국대에서 강의하고
있다. 2018년 한국연구재단이 후원하는 인문학 대중화 사업의 일환으로 '인간
이후의 인간: SF로 읽는 포스트휴먼'을 진행했고, 지은 책으로 『당신은 왜 인간
입니까』가 있다.

포스트휴먼이 몰려온다
AI 시대, 다시 인간의 길을 여는 키워드 8

1판 1쇄 펴냄 2020년 2월 28일
1판 6쇄 펴냄 2023년 9월 15일

지은이 신상규 이상욱 이영의 김애령 구본권 김재희 하대청 송은주
펴낸이 김정호

책임편집 박수용

펴낸곳 아카넷
출판등록 2000년 1월 24일(제406-2000-000012호)
주소 10881 경기도 파주시 회동길 445-3 2층
전화 031-955-9511(편집) · 031-955-9514(주문)
팩스 031-955-9519
www.acanet.co.kr

Printed in Paju, Korea.

ISBN 978-89-5733-671-7 03300